영어의 상

영어의 상

2012년 8월 25일 초판 인쇄
2012년 8월 30일 초판 발행

지은이 | 박노민
펴낸이 | 이찬규
펴낸곳 | 북코리아
등록번호 | 제03-01240호
주소 | 462-807 경기도 성남시 중원구 상대원동 146-8
　　　우림2차 A동 1007호
전화 | 02) 704-7840
팩스 | 02) 704-7848
이메일 | sunhaksa@korea.com
홈페이지 | www.bookorea.co.kr
ISBN | 978-89-6324-162-3 (93740)

값 15,000원

● 본서의 무단복제를 금하며, 잘못된 책은 구입처에서 바꾸어 드립니다.
● 본 저서는 2011년도 강릉원주대학교 교수연구년 연구지원에 의해 저술되었음.

영어의 상
(Aspect in English)

박노민 지음

대학원 재학시절 은사의 연구실에서 우연히 빨간색 표지에 이끌리어 보게 된 책이 Benard Comrie가 쓴 'Aspect'이다. 상에 관한 학술적인 내용이 어렵지 않게 쉬운 영어로 친절하게 설명이 되어 있었고, 나는 드디어 박사학위 논문제목을 찾았다고 혼자 기뻐한 기억이 생생하다.

지금 생각하니 당시 필자의 상에 대한 지식은 실로 코끼리의 다리 밑 부분을 건드린 정도였다. 학교에 제출한 나의 박사학위 논문은 깊고 자세한 내용은 들어가지 못한 채 영어의 상에 대해 개략적인 내용을 기술하는 정도에 지나지 않았다. 이후 필자는 늘 아쉬움 때문에 언젠가 충분한 연구가 뒷받침되어 나름대로 실속 있는 상 연구의 저서를 내야겠다는 마음이 있었다.

본 저서의 내용은 가능한 한 객관적이고 검증된 내용을 수록하려고 했으나 부분적으로 필자의 주관적인 견해가 반영된 부분이 있어 논란의 여지가 있을 수 있다고 생각한다. 내용을 뒷받침하기 위한 예들은 주로 미국 영어 코퍼스인 COCA를 인용하였고 TIME, BNC, COHA도 참고하였다. 전반적으로 상의 이론 보다는 영어에서 상이 어떻게 표현되고 있는가의 관점에서 읽어주기 바란다.

끝으로 본 저서의 출간을 위해 협조해준 북코리아 출판사에 감사의 말을 전한다.

박 노 민

:: 차 례

06 완료상(perfect aspect) / 59

07 습관상(habitual aspect) / 97

08 미래상(future aspect) / 107

01 상의 정의(definition of aspect)

대부분의 영문법에서 상에 대한 기술을 보면 공통적으로 흥미로운 사실을 발견할 수 있다. 최근에 이르러 상(aspect)은 영문법의 동사 부문에서 시제(tense), 서법(modality), 태(voice) 등과 더불어 중요한 문법범주(grammatical category)의 하나로 정착을 해가는 과정에 있다고 볼 수 있다. 그러나 다른 문법범주와는 다르게 상의 정의에 대해 분명하게 기술하고 있는 영문법을 찾기가 쉽지 않다. 예를 들면 영문법의 석학인 Leech(2004)는 진행상(progressive aspect)이란 용어를 사용하면서 진행상의 의미와 용법에 대해서 자세한 기술을 하고 있지만 정작 상의 정의를 포함한 상 자체에 대한 이론적 기술은 한마디도 하지 않고 있다. 그 밖에 여러 범주의 내용을 종합적으로 기술하는 영문법에서 진행상 혹은 완료상(perfect aspect)이란 용어를 사용하는 경우에도 대개 상 자체에 대한 기술은 거의 하지 않고 있다. 그래서 깊이 있는 상에 대한 내용을 알기 위해서는 Comrie(1976)처럼 전문적으로 상을 취급하는 언어학 혹은 영어학 서적을 읽어야 한다.

이에 비해 상과 가장 가까운 문법범주라고 할 수 있는 시제의 경우에 영어를 학습하는 사람들은 어렵지 않게 현재, 과거 혹은 미래시제를 떠올린다. 그러나 영어의 상은 이들에게 시제만큼 익숙한 문법 용어가 아니다. 원래 상은 러시아어를 포함하는 슬라브어 계통의 언어에서 연구가 시작되었고, 슬라브어에서 상은 체계적인 굴절형(inflections)으로 되어 있으며 2

9

가지의 상, 완전상(perfective aspect)과 불완전상(imperfective aspect)으로 구분하고 있다. 그래서 슬라브어에서 상은 영어의 시제처럼 굴절형으로 표현하는 중요한 문법범주 중의 하나이다. 그러나 영어에서 상을 나타내는 것으로 알려진 주요 표현들은 굴절형이 아닌, 진행형 혹은 완료형 같은 우언적 형태(periphrastic forms)들이다. 또한 영어의 진행형(the progressive)과 단순형(simple form)은 각각 슬라브어의 불완전상과 완전상의 의미와 정확하게 일치하지 않는다. 이러한 이유로 Zandvoort(1962)는 아예 영어에서 상의 문법범주를 인정하지 않았다.

영어에서 상은 일반적으로 아직 상대적으로 익숙하지 않은 용어일 뿐더러 또한 매우 혼동스러운 느낌을 주는 범주이기도 하다. 그래서 상은, 특히 영어를 외국어로 배우는 학생들에게 정확한 의미를 파악하기 위해 많은 시간과 노력이 요구되는 범주이다. 그러한 원인 중의 하나로, 상에 대해 학자들이 제각각 조금씩 다른 견해를 가지고 있으며 그래서 서로 일치하지 않는 정의를 제시하고 있다는 사실을 들 수 있다.

대표적으로 몇 학자가 제시한 상의 정의를 보기로 한다. 네델란드의 학자로 영문법의 대가인 Kruisinga(1931:221, vol. 1 prart II)는 상은 "화자가 하나의 행위를 전체로 볼 것인지 아니면 그중 일부에 국한해서 볼 것인지를 나타낸다"고 정의한다. 한편 Comrie(1976:3)는 유형학(typology)의 관점에서 여러 언어의 상을 비교하고 기술하면서 "한 상황의 내적인 시간구조를 보는 여러 다른 방법이다"라고 상을 정의했다. 그러나 Poutsma(1926, Part II, section II, p.14-5)는 상이란 용어를 '행위의 종류'(character of action)란 의미로 사용하고 있는데 슬라브어의 상과는 다른 의미지만 편리상 채택한 용어인 것 같다. 한편 Verkyul(1972)은 상은 동사뿐 아니라 문장의 다른 성분, 주어, 목적어, 전치사구, 부사류 등과 합해서 표현된다고 기술한다.

위에서 본 4개의 상의 정의 가운데에 전자의 2개와 후자의 2개는 분명한 차이가 있다. 전자의 Kruisinga와 Comrie는 모두 상의 정의 안에 상황 또는 행위를 보는 방법에 대해 기술하고 있다. 이때 상황을 보는 주체는 화자가 되고 따라서 전자의 두 정의는 공통적으로 화자의 상황을 보는 방법을 나타낸다. 반면에 후자의 두 정의에는 화자가 포함되지 않는다. 화자와 관계없이 단지 상황 자체의 객관적인 시간적 특징을 나타낼 뿐이다. 동사가 나타내는 상황이 순간적인지 혹은 지속적인지 등의 시간적 특징을 상의 정의로 기술하고 있다.

이해를 돕기 위해서 영어의 진행형과 몇 개 동사의 예를 들어 보기로 한다. 화자가 'He was walking down the street'라고 말한 경우와 'He walked down the street'라고 한 경우를 비교해 본다. 전자의 경우에 화자는 상황의 시작과 끝을 제외하고 주어가 길을 걸어가고 있었던 도중을 나타내고 있지만, 후자는 주어가 길을 걷기 시작해서 끝날 때까지 모든 시간을 포함한 상황 전체를 나타낸다. 화자는 길을 걸어가는 동일한 상황을 진행형과 단순형을 사용해서 각각 상황의 일부와 전체를 나타낼 수 있는 것이다. 영어의 진행형과 단순형은 Kruisinga 혹은 Comrie의 정의에 부합하는 상의 차이를 나타낸다. 한편 동사 'walk', 'run', 'talk' 등처럼 지속적 시간을 나타내는 경우와 'jump', 'kick', 'hit' 등처럼 순간을 나타내는 경우를 비교해 보면 화자의 관점과 관계없이 두 그룹 자체의 의미가 각각 시간적으로 길고 짧다는 차이를 나타낸다. 이러한 동사 자체의 의미는 위의 후자의 상의 정의에 부합한다.

이처럼 학자들이 상이라는 동일한 용어를 사용하는 경우에도 사실은 2가지 서로 다른 종류의 상을 말하고 있는 경우가 흔하다는 것을 명심할 필요가 있다. 그래서 용어의 혼동을 피하기 위해 흔히 전자의 상을 가리켜 문법상(grammatical aspect), 후자는 어휘상(lexical aspect)이라고 별도의 용어로 구분하기도 한다. 문법상은 단순형, 진행형, 완료형 등의 문법적 표현을 가리키는 것이고, 어휘상은 동태, 정태 등의 동사 자체의 상적 의미를 가리킨다. 문법상과 어휘상 대신에 각각 주관적 상(subjective aspect)과 객관적 상(objective aspect)이란 용어를 사용하기도 하는데 이것은 전자가 화자의 상황을 보는 관점이 나타난 주관적 의미가 있다는 뜻이고 후자는 화자의 관점과 관계없이 객관적인 동사 자체의 의미를 나타낸다는 뜻이다. 독일어에서는 특별히 어휘상을 일컬어 행위의 종류(kind of action)란 뜻의 동작상(aktionsart)이란 용어를 사용한다.

앞으로 본서에서 '상'은 단순상, 진행상 등의 문법상을, '어상'은 동태, 정태 등의 동사의 의미를 나타내는 용어로 사용하기로 한다. 또한 영어의 상을 분석적이고 통합적으로 접근하고 기술하기 위하여 진행상, 완료상, 단순상 등 화자의 관점을 나타내는 상과, 개별적인 동사의 의미를 나타내는 동태동사, 정태동사 등 어상의 상호관계를 관찰하고 양자가 결합하여 상의 용법을 창출하는 과정에 초점을 맞추어 상에 대한 기술을 전개하기로 한다. '상적 의미'(aspectual meanings)는 상과 어상을 포함하는 포괄적 의미의 용어로 사용할 수 있음을 밝혀둔다.

02 상의 표현(expression of aspect)

영어에서 상은 고유의 문법형태(grammatical forms)를 갖고 있지 않다. 이러한 사실은 영어의 시제가 현재, 과거시제를 나타내는 각각의 굴절형을 갖고 있는 것과 대조적이고 또한 상대적으로 상의 연구가 많은 학자들의 관심과 연구에서 비교적 최근까지 뒤처져 있었던 원인이 될 수 있다. 그러나 영어의 상은 의미적 관점에서 출발하면 다양한 방식으로 표현되고 있음을 어렵지 않게 발견할 수 있다. 영어에서 상은 진행형같은 우언적 형태(periphrastic forms)나 혹은 동사의 첨사(particles), 상동사(aspectual verbs)와 같은 다양한 표현 수단을 갖고 있다. 지금부터 영어에서 상을 나타낸다고 생각되는 여러 표현에 대해 알아보기로 한다.

우선 진행형(the progressive)이 영어에서 가장 확실한 상의 하나인 것은 분명하다. 진행형은 의미적으로 처음과 끝을 제외한 상황의 진행을 나타낸다는 점에서, 그리고 형태적으로 'be+V-ing'라는 문법적인 표현이란 점에서 대부분의 학자들은 영어에서 유일한 상 혹은 확실한 상의 하나라고 동의한다. 그래서 상의 관점에서 볼 때 진행형은 진행상(the progressive aspect)이 되고, 상을 기술하는 학자들은 자연스럽게 진행상이라는 용어를 사용하고 있다. 그러나 상의 관점에서 보지 않고 객관적으로 형태를 지시할 때는 '진행형'이라는 용어를 사용할 수 있다.

상의 관점에서 볼 때 영어에서 진행상과 의미적으로 대조를 이루는 것으로 단순형이 있는데 즉 단순상(simple aspect)이다. 진행상에서 화자의 관점은 진행하는 상황의 중간 부분을 보는 것이라면 단순상을 사용할 때 화자의 관점은 상황의 처음과 끝을 포함하는 전체를 보는 것이다. 이때 상황 자체의 특성인 시간의 길고 짧음, 동태, 정태 등은 문제가 되지 않는다. 영어에서 단순상을 나타내는 별도의 문법형태는 존재하지 않으며 단순시제(simple tense), 즉 단순현재 혹은 단순과거와 중복된다.

그래서 단순형은 시제의 관점에서 보면 단순시제가 되고 상의 관점에서 보면 단순상이 된다. 예를 들어 현재시제의 단순형은 단순현재시제(simple present tense) 혹은 단순현재상(simple present aspect))이 되는 것이다. 상황을 전체로 보는 화자의 관점을 나타내는 단순상은 의미적으로 슬라브어 상에서 말하는 완전상(perfective aspect)과 일치한다. 다만 슬라브어에서 상은 굴절형으로 구분되는 것과는 달리 영어에는 상이 별도의 문법형태로 존재하지 않고 시제와 중복되어 나타난다는 차이가 있을 뿐이다.

진행형과는 달리 완료형(the perfect)에 대해서는 상과 관련하여 학자들의 의견이 일치하지 않는다. 완료형을 사용하는 화자의 관점은 특정한 시점을 기준으로 해서 그 이전의 상황을 되돌아보는 동시에 과거의 상황과 기준 시점 사이에 존재하는 모종의 관련을 제시하는 것이다. 따라서 완료형은 상황 자체를 시간적 구조의 관점에서 보는, 1장에서 이미 기술한 상의 정의에 부합하는 문법 형태가 아니다.

또한 완료형은 그 자체로 시제가 될 수 없다. 시제는 화자의 발화 시점에서 이전 혹은 이후의 시간, 즉 과거, 현재, 미래와 같은 지시적 시간(deictic time)을 나타내지만 완료형은 기준시간과 이전 상황을 연결시킨다는 점에서 지시적 시간이 될 수 없다. 완료형은 현재시제와 과거시제가 더해지면 각각 현재완료(present perfect)와 과거완료(past perfect)가 된다. 이와 관련하여 Comrie(1976:6)는 다음과 같이 기술하고 있다:

Traditionally, in works that make a distinction between tense and aspect, the perfect has usually, but not always, been considered an aspect, although it is doubtful whether the definition of aspect...can be interpreted to include the perfect as an aspect. However, the perfect is equally not a tense, since it differs in meaning from the various tense forms.

위에서 Comrie는 "완료형이 상의 정의에 부합되지는 않지만 대체로 상의 하나로 간주되어 왔고 동시에 시제도 아니다"라고 기술하고 있다. 그러나 그는 위의 인용에 이어서 흔히 완료형을 상으로 보기 때문에 상을 다루는 그의 저서에 포함시키고 있다고 말한다(ibid:6). 다시 말해 Comrie는 편리상 완료형을 상의 기술에서 포함하고 있지만 상의 정의를 엄격히 적용하면 완료형은 완료상(perfect aspect)이 될 수 없다고 말하고 있는 것이다.

한편 영어에서 완료형을 상으로 인정하지 않는 분명한 태도를 밝히는 학자도 있다. Declerck(1991:58)은 영어의 완료형은 상황 자체 보다 상황의 결과를 나타내기 때문에 상이 될 수 없다고 하면서, 영어에서 상은 완전상과 불완전상, 시동상, 종말상, 반복상, 습관상 등이 있다고 기술하고 있다.

학자 중에는 Comrie가 생각하는 상의 정의 보다 범위를 넓혀서, 화자의 관점에서 시간과 관련하여 상황을 보는 모든 방법으로 생각하는 경우도 있다. 예를 들면, Quirk et al.(1985:188-9)는 "상은 동사의 행위를 시간과 관련하여 보거나 혹은 경험하는 방식을 나타내는 문법범주를 가리킨다"라고 정의한다. 이러한 정의는 상황 자체의 시간적 구조를 보는 진행형은 물론이고 상황을 기준시간과 관련하여 보는 완료형도 상의 범주에 속하게 할 수 있다. 또한 Deutschbein and Klitscher(1962:114) 역시 상의 주관적 관점을 강조하면서 상을 3개의 상, 즉 '회고상'(retrostpective), '내관상'(introspective), '미래상'(prospective)으로 나누었는데 이중에 회고상은 완료형을 가리킨다(ibid:116).

결국 상의 정의에 따라서 영어에서 다루어야 할 상의 표현이 결정된다는 것을 알 수 있다. Comrie의 정의를 따르면 영어의 완료형은 상에서 제외되는 것이 당연하지만 단순히 화자의 관점에서 시간과 관련하여 상황을 보는 방법을 말한다면 진행형과 완료형은 물론이고 이와 대조적인 의미로 사용되는 단순형과 'be going to', 'used to', 'would'를 포함하여 'begin', 'continue', 'cease' 등의 상동사(aspectual verb), 또한 구동사 역시 영어의 상에서 다룰 수 있다. 본서에서는 상을 넓게 해석하여 상과 관련이 있는 모든 표현을 대상으로 영어에서 어떤 표현으로 어떤상을 구현하고 있는지 알아보기로 한다.

03 어상 (aspectual classes of verbs)

영어에서 상의 의미와 용법을 기술할 때는 대개 상과 어상의 상호 작용이 중요한 역할을 담당한다. 그래서 진행상, 완료상 등 여러 상에 대한 기술을 하기에 앞서 기본적인 여러 어상의 용어와 의미를 알아두는 것이 필요하다. 상의 기술에 필요한 어상의 분류는 절대적인 것이 아니라 상에 대한 견해에 따라 혹은 상과 어성의 의미있는 결합에 따라 얼마든지 달라질 수 있다. 그러나 상과 어상의 상호작용을 인정하고 중요시하는 학자들 사이에는 대체적인 어상의 분류를 공유하고 있는 것 같다. 지금부터 여러 어상의 종류와 이들 상호간의 근본적인 차이점에 대해 살펴보기로 한다.

3.1 Vendler의 분류

Vendler(1967:97-121)는 최초로 동사(구)의 어상을 '정태'(state), '활동'(activity), '성취'(accomplishment), '도달'(achievement)의 4가지 범주로 분류하였다. 지금부터 이 4범주의 의미적 특성과 서로 구분하는 방법에 대해 알아보기로 한다.

1) 정태와 비정태(states and non-states)

위의 4범주 가운데 정태와 나머지 3범주는 의미적으로 뚜렷한 차이를 보여주기 때문에 흔히 이 두 그룹을 가리켜 각각 정태와 비정태, 혹은 정태와 동태라는 용어를 사용해서 상호의 특성을 비교한다. 정태는 일정한 상태가 변화 없이 계속되는 상황을 말하고 그래서 정태는 매 순간이 동질적인 상황으로 연속되어 있다(예: 'be', 'want', 'have', 'belong' 등). 정태를 제외한 나머지, 활동, 성취, 도달의 3범주는 동태적 상황을 나타낸다(예: 'run', 'play', 'build a house' 등). 정태적 상황과 동태적 상황의 본질적 차이는 변화의 유무에 있다. 정태는 상황을 변화시키는 외적인 계기가 없는 한 동일한 상태가 계속되지만, 매 순간 변화하는 동태는 계속적으로 새로운 에너지가 공급되어야 그 상황이 계속된다(Comrie 1976:49).

구체적으로 정태와 비정태를 구분하는 가장 일반적인 방법은 진행상으로 사용할 수 있는지 알아보는 것이다. 다음 예를 본다.

>   a. *Mary is liking him.
>   b. *Mary is having small hands.
>   c. He is jogging.
>   d. He is painting a picture.

위의 a와 b에서 각각 동사 'like'와 'have'는 정태동사이고 진행상이 될 수 없으나 c와 d에서 각각 'jog'와 'paint a picture'는 동태동사로 진행상이 가능하다. 예외적으로 정태동사가 진행상이 될 수 있는 경우가 있지만(5.2 참조), 일반적으로 정태는 진행상이 되면 비문법적인 문장이 되거나 적절한 의미를 갖기 힘들다.

Dowty(1979:55)는 정태동사가 동사 'force'와 'persuade'의 보어와 명령문의 동사로 사용할 수 없다는 특징을 제시했다:

a. *John forced (persuaded) Harry to know the answer.

b. *Know the anwser!

c. John forced (persuaded) Harry to run.

d. Run!

위에서 동사 'force' 다음에 a와 c에서 각각 정태동사와 동태동사가 왔을 때 전자는 비문법적인 문장이 되었지만 후자는 문법적이다. 명령문의 동사로 b와 d에서 각각 정태동사와 동태동사가 사용되었는데 전자는 비문법적이지만 후자는 문법적이다.

2) 활동(activities)과 성취(accomplishments)

활동은 지속 시간이 있으면서 내재적으로 종점(terminus)을 갖지 않는 상황을 나타낸다. 활동은 본래 사람과 관련된 용어이지만 어상과 관련하여 사람과 관련이 없는 동태적 상황의 동사도 포함한다(예: 'walk', 'play', 'rain', 'breathe', 'flow' 등). 성취는 활동과 마찬가지로 지속 시간을 갖지만 종점을 갖는다는 차이가 있다. 성취 역시 사람과 관련이 있는 상황과 없는 상황 모두를 포함한다(예: 'build a house', 'ripen', 'grow up' 등).

3) 도 달(achievements)

순간적으로 이루어지는 상황을 나타낸다. 예를 들어, 'He won the race'에서 시합을 하는 과정은 시간이 필요하지만 최종의 승부는 순간적으로 결정이 되는데 도달은 이 마지막 순간을 가리킨다. 도달은 시작과 동시에 끝이 나기 때문에 종점의 유무에 대해 판단하기 곤란하다(예: 'take off', 'realize', 'reach the top' 등).

도달은 일반적으로 지속 시간을 나타내는 'for~'와 같이 사용하기 힘들

다. 다음 예를 본다:

> a. Tom reached the top in two hours.
> b. *Tom reached the top for two hours.

위에서 a는 도달을 나타내는 'reached the top'과 'in~'이 같이 사용되고 있다. b에서 'reached the top'은 순간적 상황이므로 지속을 나타내는 'for~'와 같이 사용하면 의미가 충돌한다. 다음도 비슷한 예이다:

> a. *Tom finished reaching the top.
> b. *Tom stopped reaching the top.

위의 a와 b에서 각각 'finish'와 'stop' 다음에 지속적 상황이 와야 되는데 순간적 상황인 도달이 와서 적절한 의미를 전달할 수 없다.

3.2 Quirk의 분류

Quirk et al.(1985:200-209)은 어상을 구성하는 몇 가지 자질(features)의 개념을 도입하여 보다 체계적으로 어상을 분류하였다. Quirk는 우선 상황의 유형(situation types)을 크게 정태(stative)와 동태(dynamic)로 양분한 다음에 정태 상황은 '특성'(quality: 'be tall', 'have two legs' 등,), '정태'(state: 'be angry', 'resemble', 'own' 등), '자세'(stance: 'live', 'stand', 'lie' 등)의 3가지로 세분하였다. 그리고 동태 상황은, 지속시간, 종점, 동작주의 3가지 종류의 자질을 도입하여 각각 '지속과 순간'(durative vs. punctual), '유종과 무종'(conclusive vs. non-conclusive), '동작주와 비동

작주'(agentive vs. non-agentive)로 6가지 자질을 조합한 8개의 상황을 분류하였다. 다음은 Quirk가 분류한 8개 상황과 각각의 자질을 분석한 것을 인용한 것이다(ibid:201):

GOINGS-ON: durative, nonconclusive, nonagentive
예: 'rain', 'snow', 'shine' 등
ACTIVITIES: durative, nonconclusive, agentive
예: 'drink', 'write', 'play' 등
PROCESS: durative, conclusive, nonagentive
예: 'ripen', 'grow up', 'improve' 등
ACCOMPLISHMENTS: durative, conclusive, agentive
예: 'write a letter', 'fill up', 'drink a cup of coffee' 등
MOMENTARY EVENTS: punctual, nonconclusive, nonagentive
예: 'sneeze', 'explode', 'blink', 'flash', 'bounce' 등
MOMENTARY ACTS: punctual, nonconclusive, agentive
예: 'kick a ball', 'knock a door', 'nod', 'fire' 등
TRANSITIONAL EVENTS: punctual, conclusive, nonagentive
예: 'take off', 'arrive', 'die', 'drop' 등
TRANSITIONAL ACTS: punctual, conclusive, agentive
예: 'stand up', 'catch a ball', 'stop walking' 등

Quirk의 동태상황 분류는 Vendler의 것과 비교해 의미상으로 좀 더 세분되어 있다. 우선 상황의 주체를 동작주와 비동작주 두 개의 자질로 구분하였고 또한 도달을 순간과 전환으로 세분하였다. 위의 분류에서 특이한 것은 Vendler와 달리 순간적 상황을 순간과 전환의 2개의 어상으로 분류한 것이다. 그리고 전환은 동작주와 비동작주의 자질에 따라 각각 'events'와 'acts'로 구분하였는데 이들의 자질을 보면 공통적으로 순간과 종점을 공유

하고 있다. 문제는 순간적 상황이 어떻게 종점을 가질 수 있는가이다. 다음 예를 본다:

  a. The train is arriving at the station.
  b. The plane is taking off.

위에서 a는 기차가 지금 역에 도착하려는 순간을 나타내고 b는 비행기가 이제 막 이륙하기 직전의 모습을 나타낸다. 엄격한 의미에서 전환은 위에서 각각 기차가 도착하는 순간과 비행기가 이륙하는 순간을 나타내지만 위에서 보듯이 대개는 그 이전의 시간과 마지막 순간을 포함한 시간을 연상하게 된다. 이런 관점에서 전환이 종점이 있다고 생각할 수도 있다. 다음 예를 본다:

  a. He was coughing all night.
  b. He is knocking on the door.

위에서 a와 b는 모두 반복적 상황을 나타내고 있는데 Quirk의 분류에 따르면 순간상으로 무종점(atelic)의 자질을 가진다. 이처럼 순간상과 전환상은 진행형이 되었을 때 각각 의미가 달라지고 이런 점에서 두 개의 어상을 구분하는 의미를 찾을 수 있다. 어상의 분류는 자체로 의미를 가지기 보다는 상과 상호적인 면에서 의미를 찾아야 한다.

04 단순상(simple aspect)

영어에서 단순상은 상황을 하나의 완전한 전체로 보는 화자의 관점을 표현한 것으로 의미상으로 슬라브어의 완전상과 일치한다. 단순상의 상황은 처음과 끝을 포함하는 완전한 전체이기 때문에 그 안에서 어떠한 변화도 기대할 수 없으며 다음 장에서 보게 되는 진행상이 상황의 일부를 나타낸다는 점에서 단순상과 진행상은 의미적으로 분명한 대조를 이룬다. 영어의 단순상은 현재, 과거, 미래시제에서 모두 적용되며 특히 과거시제에서 분명하게 의미가 드러난다.

4.1 단순현재(simple present)

현재시제는 현재, 과거, 미래시간을 나타낼 수 있지만 현재시제를 사용하는 화자는 항상 심리적으로 현재를 기반으로 한다(Leech:2004:6). 단순현재는 단순상과 현재시제가 결합한 의미를 나타낸다. 다음은 단순현재의 대표적인 용법들이다:

Ⓐ 정 태:

He is very tall.

They live in Chicago.

Tom has many friends.

Ⓑ 불변의 진리:

One and two make three.

Water freezes at 0 degrees centigrade.

It takes two to tango.

Ⓒ 발화시와 동시적인 상황:

Here comes a bus.

Look, I put the flower in the hat.

She walks to the table.

Ⓓ 수행문:

I promise to marry you.

I resign from the job.

I name this ship Elizabeth.

Ⓔ 습관적 상황:

James goes to bed late.

They walk to work every day.

He calls me three times a day.

Ⓕ 미래 상황:

See you tomorrow.
The plane arrives at 7.30.
He retires from work next year.

Ⓖ 과거 상황:

Suddenly a man in black comes to me and hits me in the face.

위의 Ⓐ-Ⓖ까지 단순현재시제의 용법에서 보듯이 단순상은 상황을 완전한 전체로 나타내기 때문에 상황 안에서 어떠한 변화를 읽거나 기대할 수 없다.

4.2 단순과거(simple past)

과거시제는 현재 이전의 특정한 시간의 상황을 나타내고, 단순과거는 단순상과 과거시제 각각의 의미가 결합한 의미를 나타낸다. 단순과거에서 정태와 동태는 단순현재처럼 분명한 차이를 느낄 수 없다. 과거의 정태는 현재 이전에 끝난 상황이기 때문에 실질적으로 과거의 동태와 큰 차이가 없다. 다음은 단순과거의 주요한 특징과 용법들이다

Ⓐ 정 태:

She wanted to live in Korea.
I had little money then.
The bottle contains no water.

Ⓑ 과거의 단일 상황:

The Korean War broke out in 1953.

I met Jenny at the church last Sunday.

We had much rain this summer.

Ⓒ 과거의 반복적 혹은 습관적 상황:

He often came here to talk to me.

She went shopping with her husband once a week.

It rained almost every Saturday last summer.

Ⓓ 신중한 발언:

Did you want me?

I wondered if you could lend me some money.

I thought I might talk to you alone.

위에서 단순과거의 용법을 보면 상황을 전체로 보는 단순상의 핵심의미가 공통적으로 적용되고 있음을 확인할 수 있다. 과거의 상황은 단일한 것이든 반복적인 것이든 이미 현재의 시점에서 모두 끝나고 상황의 전체를 나타내고 있는 점에서 단순상의 의미가 적용된다. Ⓓ처럼 과거시제의 특수한 용법인 신중한 발언의 경우 과거 상황은 아니지만 의미상으로 상황의 일부를 나타내는 것이 아니기 때문에 역시 단순상의 핵심의미에서 벗어나는 것은 아니라고 할 수 있다.

4.3 단순미래(simple future)

영어에서 미래 상황을 나타내기 위해 사용하는 대표적인 표현으로 조동사 (auxiliary) 'will'이 있다. 단순상과 'will'이 결합하면 각각의 의미가 더해져 전체적인 단순미래의 의미를 형성한다. 'will'은 단순히 미래시간 이외에 서법적인 의미를 나타내는 경우도 있다. 그러나 어떠한 경우에도 미래상황이라는 특수성 때문에 'will'은 현재나 과거 상황처럼 사실 보다는 미래에 대한 예측 혹은 추측을 포함하는 서법적인 의미를 포함할 수밖에 없다. 다음은 미래상황의 예측을 나타내는 'will'의 예이다:

> She will attend the meeting next Saturday.
> Jane'll teach the students English next semester.
> My father will live happily with the pension after he retires.

위의 예에서 보듯이 미래의 단일한 상황이든 반복되는 상황이든 단순미래는 상황의 전체를 나타내는 단순상의 의미가 공통적으로 적용된다.

05 진행상(progressive aspect)

'be+현재분사'의 우언적 형태(periphrastic form)를 가진 진행상은 영어에서 가장 확실한 상이라고 할 수 있다. 1장에서 기술한 것처럼 학자들 중에는 영어에서 상을 인정하지 않는 경우도 있으나, 최소한 의미적인 측면에서 볼 때 진행상을 상의 한 종류로 생각하는 것에 대해 의문을 가지는 사람은 거의 없을 것이다. 예를 들어 Leech(2004:18)는 진행상에 대해 다음과 같이 기술하고 있다:

> In the most general terms, the Progressive ASPECT (as it is called) is said to give us an 'inside view' of an happening, rather than an 'outside view', seeing the happening as a single whole.

위에서 Leech는 "진행상은 하나의 상황을 내적으로 보고, 외적으로 즉 상황을 전체로 보지 않는다"고 말한다. 이러한 진행상은 다음과 같이 Comrie(1976:16)가 말하는 불완전상과 동일한 관점을 가진다:

> ··· perfectivity indicates the view of a situation as a single whole, without distinction of the various separate phases that make up that situation; while the imperfective pays essential

attention to the internal structure of the situation.

위에서 Comrie는 완전상과 불완전상의 근본적 차이는 화자가 한 상황을 보는 관점 즉, 전체로 보는지 혹은 전체를 구성하는 내적인 구조를 보는지 관점의 차이라고 말한다. 그런 의미에서 즉, 불완전상이 상황의 내적 구조에 주목하고 있다는 점에서 불완전상과 영어의 진행상은 비슷한 관점을 가지는 상이지만 양자는 각각 다소 다른 개념을 나타낸다. 영어의 진행상은 자체적으로 고유의 의미와 용법을 가지는 표현이고 반면에 불완전상은 의미적으로 진행상 이외에 습관상, 계속상 등 다른 상을 포함한다. 즉 진행상은 불완전상의 하위 범주에 속하는 여러 상중의 하나로 생각하여야 한다(Comrie 1976:24-40).

현재 많은 학자들이 영어의 진행형을 상의 하나 즉, 진행상으로 인정하고 있지만 아직까지 '진행시제'(progressive tense)라는 용어를 영문법, 영어사전 등, 특히 비학술적인 영문법에서 흔히 발견할 수 있다. 진행형은 화자의 발화시간과 관계없이 상황 자체의 진행을 나타내는 비지시적 시간(non-deictic time)을 나타낸다. 반면에 시제는 화자의 발화시간을 기준으로 전과 후 혹은 동시의 시간을 구분하는 지시적 시간을 나타낸다. 따라서 '진행시제'라는 명칭은 상과 시제를 구분하지 않는 명백한 잘못된 용어이다. 다만 진행형이 현재시제에서는 '현재진행'(present progressive), 과거시제와 결합하면 '과거진행'(past progressive)이 된다.

상 ＼ 시제	과거시제	현재시제	미래시제
단순상	단순과거	단순현재	단순미래
진행상	과거진행	현재진행	미래진행
완료상	과거완료	현재완료	미래완료

5.1 진행상의 의미

진행상의 의미와 용법을 기술하는 가장 합리적인 방법은 모든 경우의 진행상에 공통적으로 적용할 수 있는 하나의 핵심 의미를 제시하고, 동사의 종류, 문장의 다른 요소, 문맥 등 에 따라 여러 용법이 파생하는 것으로 기술하면 가장 이상적인 방법이 될 것이다. 그러나 지금까지 진행상의 의미에 대해서 많은 학자들이 나름의 안을 제시했으나 완벽한 정답이 나오지 않고 있는 것 같다. 이것은 진행상이 현대영어, 특히 구어체 영어(spoken English)에서 사용 빈도수가 계속적으로 증가 추세에 있으며 용법이 매우 다양하고 복잡해지고 있기 때문이다. 진행상의 다양한 용법을 만족스럽게 설명할 수 있으며 모든 용법에 적용할 수 있는 하나의 핵심 의미를 선정하는 것은 결코 쉬운 일이 아니다.

1) 진행상의 핵심 의미를 도출하기 위해서 2가지 측면에서 생각해 보기로 한다. 우선 진행상은 불완전상의 하나라는 점이다. 불완전상은 상황을 외적으로 전체를 보는 것이 아니라 내적으로 상황의 일부를 보는 것이다. 그래서 화자가 사용하는 진행상의 관점은 항상 상황의 처음과 끝을 제외한 중간 부분에 초점을 맞추고 있다. 다음으로, 진행상은 항상 상황을 순간이 아니라 계속(duration)으로 나타낸다는 사실이다. 그런데 진행상의 계속은 변화가 없는 정태가 아닌 비정태적인 계속이다. 다시 말해 진행상이 나타내는 계속은 시간에 관계없이 동일한 상태의 계속이 아닌 순간 순간 변화를 수반하는 동태적인 계속이다. 이러한 진행상의 동태적 계속을 간단히 '진행'이라 칭해도 무방할 것이다. 이러한 두 가지 사실을 종합해 볼 때 진행상의 의미는, '불완전상의 비정태적인 계속'(imperfective non-stative duration)으로 요약할 수 있다.

2) 진행상의 의미를 '불완전상의 비정태적인 계속'으로 하면 이미 다른 학자들이 제시한 여러 다른 의미를 포괄적으로 설명할 수 있다. 예를 들면, Leech(2004:19)는 현재진행형이 단순현재와 비교할 때 부각되는 의미로, '계속', '제한계속'(limited duration), 그리고 '상황이 완성되지 않을 수도 있다'의 3가지 의미를 기술하고 있다. 그러나 그가 제시한 이러한 3가지 의미는 의미와 용법을 엄격히 구별하지 않은 결과로 보아야 한다. 다음 예를 본다(ibid, 20):

    a. My watch works perfectly. (영원한 정태)
    b. My watch is working perfectly. (일시적 정태)
    c. I live in Wimbledon. (영원한 거주)
    d. I am living in Wimbledon. (일시적 거주)

Leech는 위의 예를 들면서 진행상이 단순상과 비교해서 제한계속을 나타내고 있다고 말한다. 위의 a와 b에서 동사 'work'는 의미상으로 정태동사의 기능을 하고 있으며 동사 'live' 역시 정태동사에 가깝다. 그래서 위의 예들이 나타내는 제한계속은 진행상의 의미이기 보다는 정태동사가 진행형이 되었을 때 제한계속을 나타내는 진행상 용법중의 하나로 보는 것이 옳다. 계속해서 다음 예를 본다(ibid):

    a. The dog was drowning in the sea.
    b. I was reading from 10 p.m to 11 p.m.

Leech는 위의 두 예에서 상황이 종결되지 않을 수 도 있다고 했는데, 이것은 a에서 도달동사 'drown'이 진행상이 되었을 때 나타내는 의미이고, b에서도 진행상의 의미 보다는 문맥의 결과로 생각할 수 있다. 그렇다면

Leech가 제시한 3가지 의미 중에 '제한계속'과 '미완성'은 각각 진행상의 기본의미가 아닌 용법의 하나로 볼 수 있고 나머지 하나인 '계속'이 유일한 의미가 된다.

3) Declerck(1991:157) 역시 진행상의 일반의미로 다음의 3가지를 제시하고 있다:

① 진행형은 기준시점에 혹은 기준시간 동안 상황이 진행 중인 것을 나타낸다.
② 화자는 진행형을 사용하여 상황의 시작과 끝을 무시하고 중간을 나타낸다.
③ 진행형은 일시적인 즉, 제한 계속의 상황을 나타낸다.

Declerck(ibid)은 위의 ①에 대해 다음의 예를 들고 있다:

　　a. John is having a walk outside.
　　　(발화 시점에 진행 중인 활동)
　　b. What's going on in that room?
　　　(발화 시점에 진행 중인 이벤트)
　　c. They've been living in Nebraska for some time.
　　　(발화 시점에 이르는 기간에 진행중인 정태)

위의 a와 b에서 진행상은 각각 진행 중인 활동과 이벤트를 나타낸다. 그러나 c의 상황을 "진행 중인 정태"라고 기술했는데 이것은 어폐가 있는 표현이다. 왜냐하면 정태의 상황은 진행하는 것이 아니라 그대로 존재, 혹은 단순히 변화 없이 계속하기 때문이다. c는 진행 중인 정태의 예이기보다는 위에서 이미 Leech가 2)에서 기술한 것처럼 정태의 제한계속에 해당하는 예에 적합할 것이다. 결국 1의 의미는 동태적인 상황의 진행이고 이것은 동태적 상황의 계속을 말한다. Declerck이 제시하는 2의 예를 본다(ibid):

    a. The girl was reciting a poem.
    b. The woman is baking a cake.

Declerck은 위의 예에서 진행상은 상황의 시작과 끝에 대한 언급은 없고 다만 상황의 중간을 나타낸다고 설명하고, 이어서 실제로 상황이 완결됐을 수도 그렇지 않을 수도 있다고 기술한다. 이러한 설명은 상황의 일부를 내적으로 나타내는 불완전상의 관점과 정확하게 일치한다. 3의 "일시적 상황"은 진행형의 기본의미라기 보다는 다분히 문맥이나 혹은 Declerck (ibid:158) 자신이 인정하듯이 화자의 주관적인 판단에 의존하기 때문에 진행상의 의미보다는 용법으로 이해하는 것이 옳다. 결국 Declerck이 제시하는 진행형의 일반적인 3가지 의미 역시 앞에서 제시한 '불완전상의 비정태적인 계속'으로 압축할 수 있다.

5.2 진행상의 용법

진행상은 핵심 의미를 중심으로 동사의 의미에 따라 용법이 달라질 수 있다. 지금부터 동사의 어상에 따라 진행상이 어떤 용법을 가지는지 알아보기로 한다.

1) 정태와 비정태

진행상은 원칙적으로 비정태적 의미를 나타내는 동태동사를 사용하여 동태 상황을 나타낸다. 동태적 상황은 자체적으로 변화를 수반하며 변화가 없이 일정한 상태로 동질성을 유지하는 정태적 상황과 대조가 되는 개념이다. 다음은 동태적 상황의 예이다:

    a. He was swimming then.
    b. The car is moving.
    c. *He is having big hands.

위에서 a와 b는 각각 동태동사 'swim'과 'move'가 진행상이 된 예이고 c에서 정태동사 'have'는 진행상이 될 수가 없다. 이처럼 정태동사가 진행상으로 사용되지 않는 현상을 설명하는 몇 가지 근거가 있다. 우선 진행상 자체가 상황을 내적으로 변화하는 관점에서 보기 때문에 동질적인 상황의 연속을 나타내는 정태동사와 병행하여 사용할 수 없다는 이론이 있다. 다시 말해 정태 상황을 불완전상의 관점에서 표현할 수 없다는 것이다. 두 번째, 진행상이 흔히 제한계속 혹은 일시적 상황을 나타내기 때문에 일반적으로 제한된 시간적 의미를 전제로 하지 않는 정태동사가 진행상이 될 수 없는 것은 당연하다고 주장하는 학자들이 있다. 마지막으로, 정태동사가 이미 계속을 나타내기 때문에 역시 계속을 나타내는 진행상으로 사용될 필요가 없다고 주장하는 학자도 있다. 그러나 이러한 여러 이유에도 불구하고 예외적으로 정태동사가 진행상이 되는 경우가 있는데 이때 정태동사는 대개 본래 의미가 다소 변질되어 동태적 상황의 색채를 띠게 된다.

2) 활동

활동은 지속 시간이 존재하지만 내재된 시작과 종점이 없는 상황이다. 활동을 나타내는 동사들은 진행상이 되기 위해 제약을 받지 않으며 이때 진행상은 계속 혹은 진행(progress)을 나타낸다. 이미 3.2에서 본 것처럼 Quirk et al.(1985:200-209)는 활동을 동작주의 유무에 따라 활동(activity)과 진행(goings-on)으로 나누었다. 그러나 양자가 진행상이 되었을 때 분명한 용법의 차이를 발견할 수 없기 때문에 진행상의 용법과 관련하여 활동을 동작주에 따라 2개로 구분할 필요성을 느끼지 못한다. 다음 예를 본다:

> a. They're studying in the library.
> b. It's still raining.

위의 a와 b에서 모두 활동동사의 진행상이 있고 각각 동작주와 비동작주가 있는 예이다. 그러나 위의 두 예는 동작주 여부에 관계없이 상적으로 동일한 의미를 나타낸다. 다음은 활동동사가 진행상이 된 예이다(COCA):

> That's what I was trying to tell you.
> The man was talking about his grandfather.
> Things were happening too fast.
> It is snowing and cold.
> You're doing fine.

3) 성취

지속시간과 내재된 종점을 가지고 있는 성취를 나타내는 동사가 진행형이

되면 아직 완성되지 못한 상황의 진행을 나타낸다. 다음 예를 본다:

> a. My father is making a chair for me.
> b. The boy is growing up too fast.

위에서 a와 b는 각각 주어가 동작주와 비동작주인 경우의 진행상의 예이다. 이미 3.2 본 것처럼 Quirk et al.(1985:200-209)는 성취를 나타내는 동사 중에 동작주가 없는 동사의 의미를 별도로 과정(process)으로 분류했다. 그러나 위의 a와 b에서 보듯이 성취동사가 진행상이 되었을 때 동작주 여부에 관계없이 상적으로 아직 완성되지 않은 상황을 나타내는 동일한 의미를 나타낸다. 따라서 진행상의 용법과 관련해서 추가적으로 '과정'이라는 별도의 어상을 분류하는 것은 불필요하다고 생각한다. 다음은 성취동사가 진행상이 된 예이다(COCA):

> He is writing a book about wandering.
> The capital city of Doha is making a play for the world stage.
> Imagine you are composing a symphony.
> I'm writing down my cell number.
> I was repairing the stairs.

4) 도 달

시작과 끝이 동시에 이루어지는 순간적인 상황을 나타내는 도달동사가 진행상이 되면 경우에 따라 상황의 반복 혹은 종점에 이르는 과정을 나타낸다. 다음 예를 본다:

> a. Someone was tapping on the window.

b. The car is stopping at the gate.

위의 a에서 동사 'tap'과 b에서 동사 'stop'은 모두 순간동사이나 의미상으로 약간의 차이가 있다. 우선 'tap'은 순간적 상황 자체 이외에는 의미를 남기지 않는다. 만약 우리가 창문을 두드린다면 그 이전과 이후에 연관되는 의미가 없다. 그러나 'stop'의 경우는 약간 다르다. 어떤 사람이나 물체가 멈춘다는 것은 그 이전에 움직이고 있어야 한다는 전제가 필요하다. 다시 말해 이동하다가 멈춘다는 것은 운동 상태에서 정지 상태로의 전환을 말한다. 위의 예에서 보듯이 'tap'과 같은 순간동사(momentary verbs)가 진행상이 되면 상황의 반복을 나타내고, 'stop'과 같은 전환동사(transitional verbs)가 진행상이 되면 전환점으로 이어지는 과정을 나타낸다. 따라서 Quirk et al.(1985:201)처럼 도달동사를 순간동사와 전환동사로 구분하여 진행상 용법을 설명하는 것이 적절한 분석으로 보인다. 다음은 순간동사가 진행상이 되어 반복을 나타내는 예이다(COCA):

Do you feel like your life is flashing before your eyes?
He was nodding agreeably.
The trailer was just jumping up and down and back and forth.
Someone far away was beating a drum ….
His friends were pounding the table with fists now.

다음은 전환동사가 진행상이 되어 전환점으로 이르는 과정을 나타내는 예이다(COCA):

The plane was landing at Pittsburgh.
The helicopter is taking off without us.

My mother. She is dying here. Tonight.

One night I was arriving at a party ⋯.

I am falling and falling down a big ditch.

그러나 논항이 복수일 때 혹은 문맥에 따라서 진행상의 도달동사가 다른 용법을 갖는 경우도 있다. 다음 예를 본다:

a. Tom is blinking at the camera.

b. The trains are arriving at the station.

위의 a에서 동사 'blink'의 진행상이 화자가 Tom의 사진을 보고 하는 표현이라면 상황의 반복이 아니라 눈을 깜박이는 모습이 순간적으로 사진에 찍힌 정지된 상황을 나타낸다. 또한 b에서 동사 'arrive'의 진행상은 주어가 단수이면 기차역으로 접근 하고 있는 상황을 나타내지만 위와 같이 주어가 복수이면 기차가 역으로 접근하는 개별 상황의 반복으로 해석할 수 있다. 다음은 위의 a와 b와 유사한 예들이다(COCA):

Many people are dying of a terrible sickness.

Many hospitals are stopping doing that.

They are recovering.

Socialized medicine is killing people.

⋯ the doors were closing for that day and the next.

5) 정태

변화가 없는 상태가 무기한 지속되는 정태동사는 원칙적으로 진행상이 될 수 없으나 예외적으로 진행상이 되면 동태적으로 의미변화가 발생한다.

정태동사를 의미별로 분류하고, 그리고 정태동사가 진행상이 되었을 때 어떤 용법을 갖게 되는지 알아보기로 한다.

Ⓐ 비활성 지각동사(verbs of inert perception):

주어가 비동작주(non-agent)로 수동적으로 감각을 받아들이는 의미의 동사로, 'see', 'hear', 'smell', 'taste', 'feel'이 여기에 속한다. 다음 예를 본다:

　　a. He could {see /*be seeing} faint lines in her face.
　　b. He {saw /*was seeing} faint lines in her face.

위의 a와 b에서 동사 'see'의 주어는 감각을 얻기 위해 활동하는 동작주가 아니라 감각을 수동적으로 받아들이는 비동작주이다. a에서 'could see'는 지속시간을 갖는 정태를 나타내고 당연히 진행상이 되기 힘들다. 그러나 b에서 동사 'saw'는 순간적 감각을 나타내므로 정태동사에서 약간 이탈한 듯 보이나 역시 수동적인 감각을 나타내므로 진행상과 어울리기 쉽지 않다. 이밖에 다음의 다른 비활성 지각동사도 비슷한 행태를 보여 준다:

　　a. I could {hear /*be hearing} the beating of my heart.
　　　 I {heard /*was hearing} the beating of my heart.
　　b. I could {smell /*be smelling} the whisky on his breath.
　　　 I {smelt /*was smelling} the whisky on his breath.
　　c. I could {feel /*be feeling} the hard ground underneath
　　　 my feet.
　　　 I {felt /*was feeling} the hard ground underneath my feet.
　　d. I could {taste /*be tasting} chilli in the dish.

위의 지각동사 중에 a의 'hear'를 제외하고 b의 'smell', c의 'feel', d의 'taste'
는 동작주를 주어로 갖는 활동동사가 될 수 있는데 이때 진행상을 취할 수
있다. 다음 예를 본다:

    a. I (can) smell something burning. (정태)

       She was smelling her bunch of flowers. (동태)

    b. I (can) feel the stomachache. (정태)

       The doctor was feeling her head. (동태)

    c. I (can) taste the chilli in the soup. (정태))

       I'm tasting the soup to see if it's salty. (동태)

위에서 a의 'smell', b의 'feel', c의 'taste'는 모두 정태동사와 동태동사의 2
가지 의미를 가질 수 있고 동태동사일 때 진행상이 될 수 있다. 한편 다른
지각동사인 'see', 'hear'는 정태동사로만 쓰이고 비슷한 의미의 동태동사
로는 각각 'look', 'listen'을 사용한다. 다음 예를 본다:

    a. I can see a bird in the tree. (정태)

       I'm looking at a bird in the tree. (동태)

    b. I can hear you. (정태)

       I'm listening to you. (동태)

위의 a와 b에서 각각 동사 'look'과 'listen'이 진행상이 되었다.

    일반적인 지각동사와는 다르지만 비슷한 의미를 가지면서 문법적 주어
가 의미상으로 목적어가 되는 지각동사가 있다. 다음 예를 본다:

    a. He {sounds /*is sounding} like a child.

b. He {looks /is looking} tired.

c. This cloth {feels /*is feeling} good.

d. The fruit {smells /*is smelling} good.

e. It {tastes /*is tasting} better.

위의 예에서 b의 'look'만 단순상과 별다른 의미 차이 없이 진행상으로 사용되고 나머지 a의 'sound', c의 'feel', d의 'smell', e의 'taste'는 단순상으로 사용한다.

Ⓑ 비활성 인지동사(verbs of inert cognition):

이 동사들은 주어의 의식적인 노력 혹은 의도가 없다는 점에서 비활성 지각동사와 유사하고, 'think', 'know', 'forget', 'remember', 'believe', 'suppose', 'understand', 'imagine' 등이 여기에 속한다. 정신적인 상태를 나타내는 비활성 인지동사는 다소 시간적인 제한성은 있으나 변화 없이 일정한 상태를 유지하므로 정태에 속하고 따라서 진행상이 되는 경우가 흔하지 않다. 다음 예를 본다:

a. I {think /'m thinking} you're right.

b. I {know /'m knowing} he's lying.

c. I {believe /'m believing} in life after death.

위에서 진행상의 인지동사는 정신적인 노력 혹은 일시적인 상황을 나타내는 정신적 활동(mental activity)을 나타낸다. a의 동사 'think'를 제외한 b나 c와 같은 다른 비활성 인지동사의 진행상은 단순상에 비해 빈도수가 매우 낮기는 하지만 활동동사와 유사한 기능을 가지게 됨을 알 수 있다. 다음은 인지동사가 진행상으로 사용된 예들이다(COCA):

What are you thinking at this point?

We're forgetting one thing here.

You bastard, I was believing you!

They are understanding her perfectly well.

At first I thought I was imagining things.

Nobody of us was knowing how to do that.

ⓒ 심정동사(verbs of attitude):

마음가짐이나 감정을 나타내는 동사로 'hope', 'wonder', 'want', 'wish', 'intend', 'like', 'love', 'regret', 'prefer' 등이 있다. 심정동사는 인지동사와 마찬가지로 정태동사이기 때문에 역시 진행상이 되기 힘들지만 진행상으로 사용되면 단순상과 다른 의미를 읽을 수 있는 경우가 많다. 다음 예를 본다:

a. Nobody {wants /is wanting} to pay the cost.

b. Mary {wishes /is wishing} to have a word with you.

c. I {like /am liking} the idea more and more.

위에서 심정동사인 a의 'want', b의 'wish', c의 'like'는 단순상 혹은 진행상으로 사용이 가능하지만 진행상이 되었을 때는 일시성 혹은 본래의 의미를 다소 약화시키는 잠정성의 의미를 갖게 된다. 예를 들면 위의 c에서 화자는 처음보다 시간이 지나면서 좋아지는 방향으로 변화하는 자신의 마음상태를 나타낸다.

심정동사가 진행상이 되었을 때 갖는 잠정성의 의미는 상대방에게 겸손하고 예의있게 말할 때 사용하는 용법으로 발전되는 경우가 있다. 다음 예를 본다:

a. I {hope /am hoping} you'll finish it by tomorrow.

b. I {wondered /was wondering} if you could loan me
   some money.

c. What {did you want /were you wanting} him to say?

위에서 화자가 단순상을 사용하면 직설적인 느낌이 들지만 진행상을 사용했을 때는 상대방에게 조심스럽게, 예의를 차리면서 말하는 효과를 가져온다. 예를 들면 위의 a에서 "I hope" 보다 "I am hoping"으로 시작하면 청자에게 조심스럽게 말하는 느낌을 전달할 수 있으며 또한 청자의 부담을 줄여주는 효과가 있다. b와 c의 경우도 동일한 설명이 적용된다. 이것은 진행상이 상대적으로 단언적인 의미 보다는 잠정적 의미를 전할 수 있는 데서 기인한다. 이런 현상은 현재시제 보다는 과거시제에서, 단순상 보다는 진행상에서 뚜렷해진다. 다음은 위와 비슷한 예들이다(COCA):

Yes. I was wanting to make a comment.

I was hoping you could join us.

I was wondering if you could please loan me some money?

I was wishing you could doctor the photo for me.

So you are intending to be a scientist, too?

ⓓ 'have'와 'be':

정태동사 중에는 'have'와 'be'가 있고 또한 자체의 의미 속에 'have' 혹은 'be'를 포함하는 동사들이 있다: 'have', 'contain'(=have within itself), 'consist of'(=be made up of), 'own'(=have as one's property), 'be', 'matter'(=be important), 'resemble'(=be like), 'depend on'(=be determined by), 'cost'(=be obtainable at a certain price) 등. 이들 동사들

은 일반적으로 정태적 상황을 나타내기 때문에 진행상이 되는 경우가 매우 드물다. 다음 예를 본다:

a. I {have /*am having} two sons and two daughters.
b. He {owned /*was owning} a furniture factory in London.
c. He {is /*being} very tall.
d. Painted wall {doesn't cost /*isn't costing} much.

그러나 위와같은 동사들도 빈도수는 많지 않지만 진행상이 되어 활동을 나타내는 경우가 있다. 우선 'be'의 예를 보기로 한다:

a. {I was/was being} silly.
b. Congressmen {are/are being} idiots.

위의 a에서 단순상은 문맥에 따라서 내가 '평소에 어리석었다'거나 혹은 '어리석게 행동을 했다'는 중의성을 나타낸다. 그러나 진행상은 항상 '내가 어리석게 행동을 했다'는 것을 나타낸다. b에서 단순상은 '국회의원들의 평소 성향이 바보 같다'는 의미이지만 진행상은 '바보같이 행동을 하고 있다'는 뜻이다. 'have'는 정태와 동태의 두가지 의미를 가지는데 이중에 동태를 나타내면 진행상이 될 수 있다. 다음 예를 본다:

a. They're having coffee.
b. We're having a discussion.

위의 a와 b에서 동사'have'는 각각 'eat'와 'take'의 동태동사 의미를 가지므로 진행상이 되는 것이 이상하지 않다. 그러나 다음의 예는 정태동사

'have'가 진행상이 되는 경우이다:

    a. Mary {has /is having} problems with her father.
    b. He {has /is having} chest pain.

위의 a와 b에서 'have'의 진행상은 단순상에 비해 제한계속을 나타낸다.
예를 들면 b에서 진행상은 일반적으로 현재 일적인 가슴의 통증을 나타내
는데 비해 단순상은 평소 혹은 지금의 가슴 통증을 모두 나타낼 수 있다.
다음은 'be'와 'have' 이외에 다른 정태동사가 진행상이 되는 예이다:

    a. They {belong/are belonging} to two groups.
    b. A lot of people {depend/are depending} on you.
    c. She {resembles/is resembling} her mother.

위에서 정태동사의 진행상은 단순상과 비교해서 원래의 정태적 의미에서
조금 벗어나 제한 계속을 나타내거나 변화하는 과정을 나타내는 동태적
의미 쪽으로 변질되었다. 예를 들면 a의 'belong'과 b의 'depend'는 원래
계속의 제한이 없는 정태동사이지만 진행상이 되면 일시적인 상태의 의미
가 강해진다. c에서 'resemble'의 단순상은 변함이 없는 상태를 나타내지
만 진행상은 시간이 지나면서 어머니를 점점 더 닮아가는 과정을 나타낸
다. 다음은 'be'와 'have' 및 그와 관련된 동사들이 진행상이 된 예들이다
(COCA):

She is having doubts about their marriage.
They were being fairer than he expected.
He was mattering to my life.

They were owning, you know, their own exploitation, in a sense.

The scam was costing us $300 a week.

I can't contain it forever. I am containing it now ….

All of these kids are deserving of an outstanding education.

ⓔ 신체감각동사(bodily sensation):

내적인 신체의 감각을 나타내는 'ache', 'feel', 'hurt', 'itch', 'tingle' 등의 동사는 일시적 상황을 나타낼 때는 특이하게 진행상과 단순상이 서로 별다른 의미 차이가 없이 사용된다. 다음 예들을 본다:

a. My chest {aches /is aching}.
b. I {feel /am feeling} great.
c. My ear {hurts /is hurting} too bad.

그러나 일시적 상황이 아닌 즉, 상존하는 감각이라면 단순상을 사용한다. 다음은 신체 감각을 나타내는 동사가 단순상 혹은 진행상으로 사용되는 예들이다(COCA):

Her skin tingled from his touch.

My whole body was tingling.

And the grass itches my ankles.

Mom, today my ear was itching really badly ….

His whole body ached.

Her joints were aching.

His head hurts, and his stomach is upset.

My chest is hurting.

5.3 기타 용법

1) 습관적 용법

지금까지는 주로 개별적인 상황을 나타내는 진행상을 다루었으나 개별적인 상황이 모여서 습관을 형성하는 경우를 나타낼 때도 진행상을 사용할 수 있다. 다음 예를 본다:

  a. This semester I {take /'m taking} a course in linguistics.
  b. John {walks /is walking} to the office every morning.
  c. Mother {takes /is taking} care of my child while I'm at work.

위에서 진행상은 단순상과 비교해서 반복적 상황의 지속되는 기간이 제한적임을 강조하고 있다. a에서 진행상은 내가 지금 수강하는 언어학 강좌는 이번 학기 동안임을 강조하고 있으며 b에서 단순상은 John이 걸어서 출근하는 상황을 단지 평소 습관으로 나타내고 있지만 진행상은 그 습관이 일시적이고 그래서 조만간 다른 방법으로 출근할지 모른다는 사실을 암시하고 있다. c에서 역시 a와 b와 동일한 설명이 적용된다. 다음은 위와 비슷한 용법을 나타내는 진행상의 예이다(COCA):

Everyone in this life is walking wounded.
Lita is selling the lottery tickets she gets from her bad son.
The Egyptian people are trying to win their own freedom.
She was practicing three hours a day.
I was studying journalism.

습관적 상황을 형성하는 개별 상황에서 진행상이 제한계속을 나타내는

경우가 있다. 다음 예를 본다:

    a. Whenever I go to see her she {knits/is knitting} baby clothes.
    b. He feels happy when he {cooks /'s cooking} for his family.
    c. Don't call her after 10. She {sleeps/'s sleeping} then.

위에서 진행상과 단순상은 모두 습관적 상황을 나타내고 진행상은 개별 상황의 제한계속을 나타낸다. 이때 진행상은 문맥에 나타나는 시간의 전 과 후로 상황이 진행되는 시간틀(temporal frame)의 기능(5.4 참조)을 가 진다.

2) 미래시간

진행상은 때로 상의 의미와는 무관하게 현재 또는 과거 시점 이후의 미래 시간을 나타낼 때 사용되기도 한다. 다음 예를 본다:

    a. I'm staying for a few days at the hotel. I'll call you there.
    b. She's coming over to see me as soon as possible.
    c. I was visiting him the next day.

위에서 a와 b의 현재진행상은 상적인 의미로 설명할 수 없는 미래시간을 나타낸다. 이때 현재진행은 현재의 준비나 계획에 의해 미래 상황이 이루 어진다는 의미를 나타낸다. c에서 과거진행은 과거시점에서 이후의 미래 시간을 나타낼 수 있다. 비슷한 예들이다(COCA):

I am leaving after the show, and I'm getting a McDonald
cheese burgers ….

I'm moving out of here on Saturday, into his place.

I thought you were coming over to the house.

President Bush is visiting Oregon today.

3) 감정적 색채

진행상은 흔히 'always', 'constantly', 'continually', 'forever' 등의 부사와 함께 화자의 감정적 색채를 나타낸다. 다음 예를 본다:

　　a. You're always making trouble. You're a trouble maker.
　　b. You're continually asking for money.

위에서 a와 b는 각각 부사 'always'와 'continually'를 진행상과 함께 사용해서 화자의 감정을 나타내고 있다. 진행상의 이러한 용법은 1)에서 기술한 습관을 나타내는 용법과 유사하나 일종의 과장법으로 볼 수 있다. 이때 진행상은 분노, 짜증, 조롱 등의 부정적인 감정이나 혹은 긍정적인 감정을 표출하고 흔히 구어체에서 자주 사용한다. 다음은 감정을 나타내는 진행상의 예들이다(COCA):

You're constantly running to the bathroom.

It was always raining in the fucking Delta.

Rosie was forever learning new songs out of Ireland's own
and trying to teach them to Nora.

… every one is being continually sapped by corruption.

5.4 진행상의 시제

지금까지 본 것처럼 진행상은 동사의 상적인 의미에 따라 여러 용법을 나타내지만 시제에 따라 자주 사용하는 독특한 용법이 있다. 지금부터 진행상이 시제에 따라 어떤 용법을 자주 사용하는지 알아보기로 한다.

1) 현재진행

총칭적인 주어 혹은 주어의 일반적 특징을 나타내는 현재시제의 문장에서 동사 자체는 동태적 의미를 나타내는 경우에도 전체적인 의미는 자연 현상, 사물의 특성, 습관 등의 무기한 변화가 없는 정태적 의미를 나타낼 수 있다. 이러한 문장이 진행상이 되면 새로운 의미를 갖는다. 다음 예를 보기로 한다:

> a. The sun {rises /is rising} in the east.
> b. My watch {works /is working} perfectly.
> c. Beavers {build /are building} dams in rivers.

위에서 단순상의 문장은 동태동사를 사용해서 총칭적 혹은 일반적 사실을 나타내는 정태적 의미를 나타내지만 대응되는 진행상은 특정한 시점의 동태적 상황을 나타낸다. 예를 들면 a에서 단순상은 태양이 동쪽에서 뜨는 자연현상을 말하고 그의 진행상은 현재 태양이 뜨고 있다는 사실을 말해주고 있다. b와 c의 경우에도 단순상과 진행상은 각각 주어의 일반적인 사실과 현재 시점의 상황을 나타낸다. 다시 말해서 위에서 현재시제의 단순상은 상황의 무한 계속을, 대응되는 진행상은 현재의 제한계속을 나타낸다고 말할 수 있다. 일반적 사실을 나타내는 다음 예들은(COCA) 진행상이

되면 역시 특정한 경우의 사실이 된다:

> Weeds grow more profusely in plain dirt ···.
> The presence of a dog makes it easier for others to make
> contact.
> The large yellow flowers bloom all summer.
> Wolves eat livestock.
> Life goes by too fast.

2) 과거진행

과거시제와 진행상의 의미가 결합한 과거진행에서 특히 많이 사용되는 용법들이 있다.

Ⓐ 시간틀(temporal frame):

Jespersen(1931:178)은 진행형의 기본의미로서 시간적으로 특정한 상황이나 혹은 시점을 에워싸는 '시간틀'의 기능을 주장했다. 이때 진행상은 특정한 상황이나 시점을 기준으로 전과 후로 시간이 지속되는 일시적 상황을 나타낸다. 현재시제에서 시간틀의 기준점은 대개 화자의 발화시간과 일치되고, 과거시제에서는 주로 부사절이나 부사구가 과거의 특정한 기준시점을 나타낸다. 진행상의 시간틀 효과는 특히 현재시제 보다는 과거시제에서 그리고 진행상과 단순상이 비교될 때 보다 분명하게 들어난다. 다음 예를 본다:

> a. It was six o'clock. The train was nearing London.
> b. We were sitting in the coffee shop.

c. When we visited Johnson, he was preparing for the party.

위의 a에서 진행상은 6시 전후로 기차가 런던에 근접하고 있다는 것을 나타내고 또한 6시를 에워싸는 시간틀의 기능을 가진다. b에서 때를 나타내는 부사는 없지만 문맥상으로 이해될 수 있다면 진행상은 그 시점에 대해 시간틀을 기능을 가질 수 있다. c에서 진행상과 단순상은 각각 긴 시간과 짧은 시간이 대비되면서 진행상이 단순상에 대해 시간틀의 기능을 가진다.

 진행상의 시간틀은 긴 시간과 짧은 시간이 비교되기 때문에 가능한 것이다. 진행상은 긴 시간을, 비교되는 부사구나 단순상의 부사절은 짧은 시간을 나타낸다. 진행상이 상대적으로 긴 시간을 나타낼 수 있는 것은 기본의미인 계속과 관련되어 있다. 그러나 다음 예에서는 진행상이 시간틀의 기능을 가진다고 볼 수 없다:

a. I was watching a movie that night.
b. Mother was cooking while I was mowing in the garden.

위의 a에서 상식적으로 영화를 보는 시간이 밤보다 더 길 수 없기 때문에 진행상이 시간틀의 기능을 가진다고 말할 수 없다. b에서 요리한 시간이 잔디 깎는 시간이 비슷하다면 역시 이때 진행상은 시간틀의 기능과 무관하다. 이와 같은 예는 특이한 것들이 아니고 흔하게 발견할 수 경우이고, 그러므로 Jespersen이 제안한 시간틀은 진행상의 기본의미이기 보다는 진행상이 가지는 여러 용법 중의 하나로 보아야 할 것이다. 다음은 진행상이 시간틀의 기능을 하는 것으로 볼 수 있는 예들이다(COCA):

Ten minutes later, I was trying to remember ….
He was waiting outside when I arrived at the Gillsworth home.

While he was working, Ruth brought him a cold glass of
milk ….

Somebody raised the question when they were talking
about ….

What did your father do when you were growing up?

Ⓑ 가볍게 말하기(casual way of speaking):

화자는 때로 말하는 행동 자체나 혹은 말의 내용에 의도적으로 신중한 느
낌을 배제하고 가벼운 느낌을 주기 위하여 과거시제의 진행상을 적절하게
사용할 수 있다. 다음 예를 본다(COCA):

> a. How were you reconciling your spirituality with what
>   you did for a living?
> b. Just the other day I was reading some article about
>   the relativity of values.

위에서 a는 'How did you reconcile … ?'과 동일한 의미를 나타내지만 청
자에게 직선적이고 당돌한 질문의 느낌을 피하면서 우회적으로 질문을 하
여 예의를 갖추는 모습을 나타낸다. 다시 말하면 화자는 진행상을 사용하
여 자신의 질문이 심각한 것이 아니고, 그래서 청자에게 반드시 진지한 대
답을 원하지 않는다는 의사를 우회적으로 전달하고 있다. b에서 역시 화자
는 과거진행상을 사용해서 자신의 말하는 행위 자체가 진지한 태도가 아
니고 그래서 전달하는 내용을 완전히 파악하지 못하고 있다는 것을 우회
적으로 나타내고 있다. 이러한 경우는 진행상 본래의 상적인 의미와는 거
리가 멀어 보인다. 이 경우에 화자는 자신의 말을 단언하기 보다는 여백을
남겨두어서 전달하는 내용의 의미를 약화시키는 효과를 가져 올 수 있다.

다음도 위와 비슷한 예들이다(COCA):

> They were meeting the candidate in the park yesterday and
> he asked them to vote for him.
> And he was telling me about his documentary.
> And it was about Wall Street's so greedy.
> One day Kile was talking to us about pitching and life in the
> big leagues ….

ⓒ 예의 차리기(social distancing):

이미 심정동사의 진행상에서 언급했듯이(5.2 참조) 진행상은 단순상 보다, 그리고 과거시제는 현재시제 보다 신중하고 조심스러운 느낌을 줄 수가 있다. 이것은 진행상의 잠정성(tentativeness)과 과거시제가 갖는 현재와의 거리감(remoteness)이 결합되어 나타나는 결과로 생각할 수 있다. 다음 예를 본다:

a. I {hope/hoped/was hoping} you would join us at the party.
b. I {wonder/wondered/was wondering} if you could please
   loan me some money.

위에서 a의 "I hope~"는 빈도수에서 "I hoped~"와 "I was hoping~"보다 압도적으로 많이 쓰이지만 과거시제에서 보다 높은 화자의 신중성을 느낄 수 있다. 반면에 현재진행 'I am hoping~'은 상대적으로 많이 사용되는 표현은 아니다. b에서 역시 단순현재 "I wonder if~"가 가장 많이 사용되는 표현이지만 조심스러운 느낌은 단순과거 혹은 과거진행상에서 보다 강하게 느낄 수 있다. 한편 단순현재 'I am wondering if~'은 상대적으로 매우

빈도수가 적은 표현이다. 다음은 위와 비슷한 용법의 예들이다(COCA):

What were you wanting him to say?

Did you think he was intending to kill himself?

I was regretting offering him the coffee.

I was liking having someone to talk to.

He was hoping they'd stay there permanently.

3) 미래진행

'will(shall)+진행상'은 진행상 원래의 상적인 의미를 나타내는 경우, 단순히 미래시간을 나타내는 경우, 그리고 will이 서법조동사로 쓰이는 경우가 있다:

Ⓐ 미래진행(future progressive):

'will+진행상'은 미래시제인 will과 진행상의 의미가 결합되어 미래 시간에 진행되는 상황을 나타낼 수 있다. 다음 예를 본다:

a. We will be sitting at the table at three p.m.

b. The ship will be waiting when you arrive.

c. Our flag will be flying long after she is gone.

위의 a와 b에서 진행상은 각각 미래의 특정한 시점과 상황을 둘러싸는 시간틀의 기능을 가진다. 그러나 c에서 진행상은 단순히 미래의 진행을 나타낸다. 위와 비슷한 예들이다(COCA):

Everyone will be watching her as she takes her seat.

On Judgment Day, I will be standing on the bridge
between Paradise and Purgatory.

I will be wearing a blue suit.

I will be studying it, and I will be playing probably
on the Internet ….

… when we wake up everybody else will be sleeping also.

Ⓑ 단순미래(pure future):

'will+진행상'은 서법적인 의미 혹은 상적인 의미가 배제된 단순미래를 나
타낼 수 있다. 이때 미래진행시제는 당연히 도래하는 미래의 상황을 나타
낸다. 다음 예를 본다:

    a. I will be coming back soon.
    b. This is what you will be doing in the office.

위의 a에서 화자가 미래진행시제 대신에 'I will come back soon.'로 했다
면 단순미래 보다는 서법적인 의미로 화자의 의지 혹은 의도를 나타낸다
고 볼 수 있다. 그러나 위의 a는 현재의 상황으로 볼 때 당연히 곧 돌아온다
는 것을 나타낸다. b 역시 동일한 설명이 적용된다. 이런 점에서 위와 같은
미래진행은 가장 순수하게 미래시간을 나타내는 표현으로 알려져 있다.
이것이 미래진행의 사용이 19세기부터 20세기에 이르는 동안 계속 증가
추세에 있는 이유 중의 하나로 짐작된다. 다음은 이와 비슷한 예들이다
(COCA):

We'll be meeting with the board more frequently.

When will you be moving in?

My friend will be joining me later.

Roger Clinton will be taking your phone calls.

He will be leaving by the end of the year.

미래진행시제의 단순미래를 나타내는 용법은 경우에 따라 상대방을 배려하는 세련된 표현 방법이 될 수 있다. 다음 예를 본다:

a. I'll go to the post office.
b. I'll be going to the post office.
c. Will you go to the post office?
d. Will you be going to the post office?

우체국에 가야될 부탁을 받는 사람은 a보다는 b로 말하는 것이 부탁하는 사람에게 부담을 줄이는 것이 된다. a로 하면 부탁을 받고 이제 가겠다고 하는 의미지만 b로 하면 이미 우체국에 갈 일이 있었는데 가는 김에 편지를 부치겠다는 의미이다. 반대로 편지 부탁을 하는 사람은 c보다 d로 하는 것이 청자에게 부담을 줄여준다. c로 하면 부탁을 하면서 상대방의 의지를 묻는 거지만 d로 하면 혹시 우체국에 갈 일이 있으면 부탁을 하겠다는 의미이다.

ⓒ 개연성(probability):

'will'은 서법적인 의미로 개연성, 추측, 믿음 등의 의미를 나타낼 때 다음에 진행상이 오면 서법적 의미와 진행상의 의미가 결합된 의미를 나타낸다. 다음 예를 본다:

a. Jane will be studying in the library right now.

b. He'll be living among them now.

He and his wife, Jean, moved last month.

위의 a와 b에서 'will'은 시제와 관계없는 서법조동사이므로 위와 같은 경우는 미래진행시제가 아닌 서법조동사 will의 용법 중의 하나로 다루는 것이 적절할 것이다.

06 완료상(perfect aspect)

이미 2장에서 밝힌 것처럼 영어에서 'have+과거분사'인 완료형을 상의 표현으로 인정하는데 있어 문제점이 존재하지만 상의 정의를 광의로 '상황을 보는 화자의 관점'으로 이해하면 완료형을 하나의 상, 즉 완료상으로 생각할 수 있다.

6.1 완료상의 의미

우선 완료상은 진행상 혹은 단순상과는 다르게 상황 자체의 시간 구조를 다루는 것이 아니기 때문에 완전상 혹은 불완전상 중에 어느 상과도 관련이 없다는 것을 명심할 필요가 있다. 또한 완료상의 의미를 분석할 때는 2가지 요소, 즉 상황 자체와 이와 관련되는 기준 시점(reference point in time)이 관련되어 있다는 것을 확실히 이해할 필요가 있다. 완료상은 상황이 기준 시점에 이전에 발생한 사실을 나타내고, 기준 시점은 현재, 과거혹은 미래 시간이 될 수 있다.

완료상의 현재시제인 현재완료의 예를 들어 본다. 현재완료의 기준 시점은 현재시간이고 화자의 발화시간과 일치한다. 그래서 현재완료는 발화

시간 이전에 발생한 상황을 나타낸다. 단순과거 역시 현재 이전에 발생한 상황을 나타낸다는 점에서 현재완료와 동일한 진리치(truth value)를 가진다. 현재완료가 나타내는 상황이 사실이라면 대응하는 단순과거의 상황 역시 사실이다. 그러나 현재완료의 상황은 기준시점 즉 현재와 관련을 갖고 있는데 비하여 단순과거의 상황은 과거 사실 자체만을 나타낼 뿐 현재와 단절되어 있다는 분명한 차이점을 가진다.

완료상을 사용하는 화자의 관점은 기준시간에서 과거를 향해 상황을 조망하는 것이다. 이때 완료상을 사용하면 상황 자체는 과거에 속하지만 화자의 의식은 기준시간에 중심을 두고 있기 때문에 과거에 발생한 상황과 기준시간과의 관계를 중요시 한다. 한마디로 완료상은 기준시점에서 본 이전의 상황을 나타내는 동시에 기준 시점과의 관계를 나타낸다.

6.2 현재완료(present perfect) : 'have + 과거분사'

현재완료는 현재와 관련된 과거의 상황을 나타낸다. 여기서 문제가 되는 것은 과거의 상황이 현재와 관련되어 있는 방식인데, 단순히 관련되어 있다는 것은 너무 막연한 표현이기 때문에 좀 더 구체적으로 양자가 관련되어 있는 방식을 기술할 필요가 있다. 크게 보면 현재완료의 상황은 2가지 방식으로 현재와 연결되어 있다. 우선 과거 상황 자체가 현재에 이르는 기간 동안에 계속적으로 이어지는 것을 나타내는 현재완료가 있다. 다른 하나는 현재완료의 상황 자체가 아니라 상황이 발생할 수 있는 기간이 과거에서 현재로 이어지는 것이다. 간단히 말해 현재완료는 상황 자체 혹은 상황이 발생하는 기간이 과거와 현재를 연결할 수 있는데 과거와 현재를 연결하는 방식에 따라 현재완료의 용법이 결정된다고 말할 수 있다.

1) 계속완료(continuative perfect)

상황 자체가 과거에서 현재까지 계속 이어지고 그리고 문맥에 따라 미래에도 계속될 수 있는 것을 나타내는 현재완료의 용법이다. 다음 예를 본다:

    a. My family have lived here for three years now.
    b. John has walked the dog every day.

위와 같이 과거에서 현재까지 계속을 나타내는 현재완료는 a의 "for three years now"와 b의 "every day" 처럼 대개 계속을 나타내는 시간 부사와 함께 사용된다. 만약 위의 예에서 이러한 부사가 없으면 문장은 다른 의미를 가질 수 있다. 예를 들어 위의 a에서 부사구를 제외한 'My family have lived here'는 다음 처럼 2가지 의미를 가질 수 있다:

    c. My family have lived here in the past.
    d. My family have lived here until now.

위에서 c는 '우리 가족이 과거 여기 살은 적은 있지만 지금은 안 살고 있다'란 뜻이고 b는 '우리 가족이 지금까지 여기 살고 있다'란 뜻으로 c와 d는 전혀 다른 사실을 나타낸다. 그렇다면 계속완료는 완료상 자체의 의미 보다는 부사 혹은 문맥의 도움을 받아 생긴 현재완료의 용법 중의 하나로 이해를 하여야 할 것이다.

위에서 a의 정태동사와 b의 동태동사를 사용한 계속완료는 각각 상황이 계속되는 방식이 조금씩 서로 다르다. 우선 정태동사를 사용한 계속완료는 상황이 끊임없이 선처럼 이어지는 계속을 나타낸다. 이것은 시작과 끝을 구별할 수 없는 동일한 상태가 계속되는 정태라는 상황의 속성상 그럴 수밖에 없을 것이다. 반면에 동태동사를 사용한 계속완료는 동일한 상황이 반복적으로 발생하고 이것이 습관처럼 된 것을 나타낸다. 그래서 동태동사를 사용한 계속완료는 끊임없이 이어지는 선이 아니라 개별적 상황의 계속인 점의 연속으로 나타낼 수 있다. 코퍼스에 나타난 빈도수로 보면 동태동사 보다는 정태동사를 사용한 계속완료가 더 자주 발견되는 것을 알 수 있다. 다음은 정태동사를 사용하여 계속완료를 나타내는 현재완료의 예들이다(COCA):

I've known him for fifty years.
He has lived here and nowhere else.
I have always felt accepted as a sister in Christ.
My father has remained skeptical about the whole idea.
He has held his position for the last half-dozen years.

다음은 동태동사를 사용한 현재완료의 계속완료를 나타내는 예들이다 (COCA):

Things have changed since you were around.
They've always looked at the problem as a regional problem.
He has talked this talk for months.
I have noticed for the last two years that ….
He has sung at church since childhood.

2) 부정완료(indefinite perfect)

상황이 과거에서 현재까지 이르는 기간에 최소한 한번 이상 발생한 것을 나타내는 현재완료의 용법이며 정태동사 혹은 동태동사 모두 사용할 수 있다. 부정완료는 과거와 현재를 연결하는 것이 상황 자체가 아니라 상황

이 발생할 수 있는 과거부터 현재에 이르는 시간이라는 점에서 계속완료
와 차이가 있다. 다음 예를 본다:

　　a. Have you ever been arrested before?
　　b. I've never seen a concert like it in my life.
　　c. She has lived in London, New York and Paris.

위에서 a는 부사 "ever"와 "before", b는 "in my life"를 사용해서 부정완료
임을 분명히 하고 있다. c는 문맥상으로 부정완료인 것을 알 수 있다.
　부정완료는 어상에 따라 혹은 단순히 문맥에 따라 연관된 의미를 나타
내는 세부적인 용법들을 가지게 된다:

Ⓐ 근접 부정과거(recent indefinite past):

크게 보면 부정완료에 속하는 용법으로 상황이 발생한 시간이 현재에서
멀지 않은 과거임을 나타낸다. 현재완료의 이러한 용법은, 흔히 'just',
'already', 'still', 'yet', 'recently', 'lately' 등의 부사와 함께 사용한다. 다음
예를 본다:

　　a. I have just come from the market.
　　b. Have you done it yet?
　　c. She has been hurt lately.

위에서 a, b 와 c는 각각 부사 "just", "yet", "lately"를 사용해서 가까운 과거
에 발생한 상황을 나타내고 있다. 다음은 위와 유사한 예들이다(COCA):

　Their offices have been raided recently.

The two have just finished a huge meal.

We have noticed something strange lately.

No arrangements have been made yet ⋯.

You have accomplished so much already.

Ⓑ 결과적 부정과거(resultant indefinite past):

부정완료 중에서 비교적 분명하게 상황의 결과를 현재 시간에 읽을 수 있는 경우가 있다. 특히 동태동사 중에서 전환동사가 현재완료가 될 때 의미가 분명해 진다. 다음 예를 본다:

a. The train has arrive and we're ready to leave.

b. He has lost his right leg to infection.

c. She has recovered from her illness.

위에서 a, b와 c는 각각 전환동사 'arrive', 'lose', 'recover'를 사용하여 완료상의 현재의미를 분명하게 나타내고 있다.

동사 자체 보다는 문맥에 의해 현재의 결과적인 의미를 읽을 수 있는 현재완료의 용법이 있다. 다음 예를 본다:

a. She has lived in Japan for long.

   (She can speak Japanese well.)

b. I have learned to play the guitar.

   (I can play the guitar.)

c. He has done his assignment.

   (He is free now.)

위에서 a, b, c의 현재의미는 문맥에 따라 달라질 수 있지만 괄호 안의 의미는 그중의 하나로 생각할 수 있다. 예를 들면 a에서 현재의미는 괄호 안의 의미 뿐 아니라 '일본의 지리를 잘 안다', '일본의 음식을 잘 안다' 등 여러 가지가 있을 수 있다. 위와 같이 현재완료가 결과적인 의미를 가지는 경우는 현재와 가까운 시간에 상황이 발생했을 경우에 가능성이 높다. 다음은 현재완료에서 상황의 결과를 현재의미로 읽을 수 있는 예들이다(COCA):

My mother has died. Nothing will ever be the same!
We have landed ourselves in more trouble.
My parents have stayed up for 24 hours waiting for
some feedback.
The ale boy has fallen from a bridge into a dark abyss.
This has broken the trend line.

ⓒ 경험의 부정과거(experiential indefinite past):

주로 문맥에 의해 알 수 있는 것으로 부정완료와 관련된 용법 중에 주어 혹은 화자의 경험을 나타내는 현재완료가 있다. 다음 예를 본다:

a. Have you ever had a pet?
b. They have watched the movie previously.
c. She has read a lot about Mexican culture.

위에서 a는 애완동물을 키워본 경험, b는 영화를 본 경험, c는 책을 읽은 경험을 나타낸다. 경험의 현재완료는 경험이나 지식으로 현재 남아 있는 것을 나타내는, 부정완료와 관련된 용법 중의 하나다. 실질적으로 경험의 부정과거는 결과적 부정과거와 별 차이가 없는 것처럼 보인다. 그러나 구태여 양자의 차이점을 찾자면 결과적 부정과거는 외적으로 분명한 결과를 인지할 수 있는 것이라면 경험의 부정과거는 다소 주관적으로 경험이나 지식으로 남아있는 것을 나타내는 용법으로 이해할 수 있다. 위와 유사한 예들이다(COCA):

> Have you ever been drunk?
> I have never gambled in my life.
> Have you ever seen this before?
> He has taught at Amherst and Emerson colleges ….

3) 현재완료와 어상

이미 부분적으로 현재완료와 정태, 동태, 전환동사 등 어상의 조합에 따른 용법을 살펴보았다. 지금부터 좀 더 구체적으로 어상에 따라 현재완료의 문장이 어떻게 의미가 달라지는지 보기로 한다:

Ⓐ 정태동사:

정태동사가 현재완료가 되면 과거의 상황이 발화 시점까지 지속되거나 혹은 이미 끝난 상태를 나타낸다. 다음 예를 본다:

> a. Wang has lived in Singapore (before).
> b. Wang has lived in Singapore for 10 years now.

위의 a에서 "Wang"은 지금은 아니지만 전에 싱가폴에 살았던 적이 있고, b에서는 과거부터 지금까지 10년간 살았다는 뜻이다. 정태동사를 사용하는 현재완료는 별도의 문맥이 존재하지 않는 한, 그리고 과거부터 현재까지 계속을 나타내는 부사가 없는 한, 대개 현재에는 이미 끝난 과거의 상태를 나타낸다. 정태동사를 사용한 현재완료의 예를 더 보기로 한다(COCA):

Saudi Arabia has had five monarchs in the past six decades ⋯.
That has seemed suspicious to a lot of people.
I don't think the country has wanted to solve the problem, and I don't think it wants to now ⋯.
Since he was a child he has liked to sit with the people ⋯.
⋯ every Inaugural Address has contained at least one reference to God.

Ⓑ 활동동사:

종점이 없는 무종상(atelic)의 동사(구)인 활동동사는 다른 종류의 동사보다 빈도수가 떨어지기는 하지만 현재완료가 되면 과거에 발생한 행동이나 경험을 나타낸다. 다음 예를 본다:

a. They have talked about this many times.
b. The boy has learned French.
c. He has walked out of the hospital.

위에서 현재완료는 별도의 문맥이 없다면 과거에 발생한 상황이 현재 이전에 끝난 상태를 나타낸다. a에서 주어가 과거에 여러 번 말을 했고, b에서 예전에 불어를 배웠고, c에서 병원을 떠난 상태를 나타낸다. 그러나 활동동사 역시 계속을 나타내는 부사와 함께 과거부터 현재까지 상황의 계속을 나타내는 현재완료에 사용될 수 있다. 다음 예를 본다:

a. So far he has done very little work.

b. This has continued in use to the present day.

c. We've walked at the beach 20 minutes now.

위에서 a는 "so far", b는 "to the present day", c는 "20 minutes now"가 현재까지 계속을 나타내는 부사로 각각의 현재완료가 모두 계속완료를 나타내고 있다. 다음은 활동동사를 사용한 현재완료의 예들이다(COCA):

I have studied in different parts of the country and dealt with individuals of varying economic backgrounds ….

We have swum a long way up the shore.

It has rained six straight days in the Austin area.

My mother has driven me away from home.

She has written about thrift stores since 1980.

ⓒ 성취동사와 도달동사:

순간의 도달동사와 유종상(telic)의 성취동사는 빈도수가 높게 현재완료에서 사용되며 발화시간을 기준으로 이미 끝난 상황을 나타낸다. 다음 예를 본다:

a. The internet has made the world smaller.

b. She has won the lightweight boxing match.

위에서 a는 성취동사, b는 도달동사가 현재완료가 되어 현재 이전에 끝난 상황을 나타낸다. 성취동사와 도달동사가 사용된 현재완료에 계속을 나타내는 부사 혹은 그러한 문맥이 주어지면 과거에서 현재까지 이르는 동안

의 반복적인 상황을 나타낸다. 다음 예를 본다:

a. He has built telescopes over the past 15 years.
b. The team has lost for two months now.

위에서 a와 b는 각각 성취동사와 도달동사가 계속의 시간부사와 함께 사용되어 과거부터 현재까지 이르는 동안 발생한 상황의 반복을 나타낸다. 다음은 도달동사 혹은 성취동사가 현재완료로 사용되는 예들이다 (COCA):

He has written three books of poems ···.
The program has accomplished several things.
Your letters to your brother have arrived here since July ···.
The death rate has dropped by only 5 percent in the last
55 years.
Since 1849, more than 130 people have died on the slopes ···.

4) 현재완료와 단순과거

현재완료와 단순과거는 각각 다른 시제와 상을 가진다. 현재완료는 현재 시제이나 단순과거는 과거시제이고, 또한 현재완료는 완료상이나 단순과거는 단순상이다. 이렇게 양자는 문법적으로 분명하게 다른 형태임에도 불구하고 화자는 동일한 과거의 상황을 나타내기 위하여 현재완료 혹은 단순과거를 사용할 수 있다. 통계상으로 보면 단순과거가 현재완료 보다 압도적으로 많이 사용되고 있으나 상대적으로 영국영어보다 미국영어에서 비슷한 경우에 단순과거를 보다 많이 사용하고 있는 것으로 알려져 있다.

그러나 원칙적으로 현재완료와 단순과거는 분명히 다른 용법을 가진다. 단순과거를 사용하면 화자의 시선은 상황이 발생한 과거 시간에 초점을 맞추고, 반면에 현재완료를 사용하면 상황의 발생 시점보다는 현재에 초점이 놓여있다. 이러한 양자의 공통점과 차이점을 정확하게 구별해서 이해하고 사용하는 것은 영어를 외국어로 배우는 학습자들에게 결코 쉬운 일이 아니다. 지금부터 현재완료와 단순과거의 중요한 차이를 알아보기로 한다:

Ⓐ 현재와의 관련(present relevance):

단순과거와 현재완료의 가장 중요한 차이는 과거에 발생한 상황이 현재와 관련이 있는가이다. 이미 기술한 것처럼 현재완료는 상황 자체로 혹은 상황이 발생하는 시간으로 항상 현재와 관련을 맺고 있으나 단순과거는 현재와 단절된 과거의 상황을 나타낸다. 이것은 문법적으로 단순과거와 완료형이 각각 과거시제와 완료상이라는 본질적 차이를 반영한다. 시제는 발화시를 기준으로 전과 후 혹은 동시의 시간을 가리키는 지시적 시간이고, 그래서 시제의 하나인 단순과거는 현재 이전의 시간을 가리킨다. 그러나 상은 상황 자체의 내적 시간 구조 혹은 상황과 기준시간과의 관련을 나타내고, 상의 하나인 현재완료는 과거의 상황과 현재의 관련을 나타낸다. 다음 예를 본다:

a. She has been healthy and happy all her life.
b. She was healthy and happy all her life.

위에서 a는 현재완료를 사용해서 그녀가 '지금까지 평생 건강하고 행복하게 살아왔다'는 뜻이고, 단순과거의 b는 '그녀가 살아있는 동안 평생 건강하고 행복하게 살았다'는 뜻이다. 이 경우에 a는 그녀가 아직 생존하여 현

재와 관련성을 나타내지만 b는 주어가 현재 생존하지 않고 그래서 현재와 단절을 나타낸다. 다음 예를 본다:

    a. So far we have continued to study the issue for a year.
    b. We continued to study the issue for a year.
    c. *So far we continued to study the issue for a year.

위의 a에서 반복적 상황이 발생하는 1년간의 기간이 과거에서 지금까지 계속되어 왔고, b는 지금은 아니지만 과거에 반복된 상황을 나타낸다. 만약 c처럼 단순과거에서 의미상으로 현재를 포함하는 "so far"를 사용한다면 단순과거와 서로 의미가 충돌하여 적절한 의미를 나타낼 수가 없게 된다. 다음 예를 본다:

    a. Kanes has written some wonderful poems.
    b. Shakespeare wrote many great plays.
    c. Many great plays have been written by Shakespeare.

위에서 a의 Kanes는 현존하는 사람으로 현재와 연결되고, b의 주어인 Shakespeare는 생존하지 않는 사람으로 현재와 단절된 사람이다. 그러나 c에서 Shakespeare가 남긴 현존하는 작품이 주어가 되면 현재와 연결되어 현재완료가 가능하다.

    현재완료가 나타내는 현재와의 관련은 지금까지 기술한 상황 자체와 상황이 발생하는 기간 이외에 과거 상황이 현재에 미치는 결과도 포함한다. 다음 예를 본다:

    a. You have opened the door to the new world.

b. You opened the door to the new world.

위에서 a와 b는 모두 '문을 열었다'는 공동의 의미를 가지고 있다. 이런 점에서 a와 b의 진리치는 동일하다고 말할 수 있다. 즉 a가 사실이면 b도 사실이고 또한 그 역도 성립한다. 그러나 a는 단순히 문을 열었다는 사실이외에 그 문이 지금도 열려있다는 결과적 의미를 가질 수 있다. 반면에 b에서는 상대적으로 과거에 문을 열었다는 사실 이외에 현재와 관련된 의미는 읽을 수 없다. 이처럼 현재완료는 상황의 현재 결과로 현재와 관련성을 가질 수 있다. 그러나 특이하게 미국영어에서는 통상적으로 비슷한 과거 상황을 나타낼 때 현재완료보다 단순과거를 선호하여 사용하는 경향이 있는데 이것은 아마도 미국인들의 실용주의적인 성향에서 기인한 것으로 추측한다.

Ⓑ 부정시간(indefinite time):

현재완료와 단순과거는 공통적으로 과거 상황을 나타내지만 전자는 분명하지 않은 시간을, 후자는 분명한 시간을 나타낸다는 차이가 있다. 그래서 현재완료는 흔히 'ever', 'never', 'before', 'already', 'since', 'yet' 등의 부사와, 단순과거는 명확한 과거를 나타내는 'last week', 'yesterday', 'in 1984' 등의 부사와 함께 사용한다(Ⓓ 참조). 다음을 본다:

a. Have you ever seen that before?
b. Did you see that yesterday?
c. Did you see that?

위에서 a는 과거의 특정한 시간을 생각하지 않고 다만 그것을 본적이 있는가 묻고 있다. 그러나 b는 분명한 과거 시간 즉, 어제 그것을 보았는지 묻는다. c처럼 시간부사를 사용하지 않지만 과거의 특정한 시간을 생각하면서 그것을 보았냐고 물을 수 있다. 다음을 본다:

A: Have you ever been there?
B: Yes, I went there last year.

위에서 A는 현재완료로 과거의 구체적 시간은 묻지 않고 거기에 간적이 있냐고 물었고 B는 단순과거로 작년에 갔었다고 답한다. 이처럼 명확한 시간과 그렇지 않은 시간은 각각 단순과거와 현재완료의 용법을 결정하는 중요한 기준이 된다.

ⓒ 담화상의 차이:

흔히 담화상에서 이야기를 시작할 때는 현재완료를 사용하고 이어서 관련된 내용을 말할 때 단순과거를 사용한다. 다음 예를 본다(COCA):

a. There have been times in her life when she felt conflicting urges ….
b. Where have you been, and what did you do there, and what did you do with Kate?
c. "I have been to the hotel", she said. "I went there to see Signora Barbaro, but she has already left for Florence, so I left a message for her. I went to tell her three things …."

위의 a와 b에서 문장의 처음은 현재완료로 시작했으나 이어지는 절에서 혹은 문장에서 관련된 내용을 말할 때 단순과거를 사용하고 있다. c에서 담화는 현재완료로 시작했으나 이어지는 문장에서 동일한 시간을 단순과거로 지시하고 있다. 이러한 현상은 현재완료의 시간이 분명하지 않은 과거시간을 나타내고 반면에 단순과거는 분명한 과거시간을 나타낸다는 사실로 설명할 수 있다. 현재완료로 시작한 문장은 부정의 과거시간을 설정하였지만 이어서 그 시간을 다시 지시할 때는 특정한 시간이 되므로 단순과거를 사용할 수가 있는 것이다.

현재완료와 단순과거는 부정(indefiniteness)과 한정(definiteness)의 관계와 비슷하다. 다음 예를 본다:

a. There was a room to the left with the door open.
b. A woman was killed when she drove off the beach.
c. During our journey we came to a bridge. As we were crossing the bridge, we met an old man and spoke to him. The man refused to answer us at first.

위의 a에서 "a room"을 다음에 "the door (of the room)"로 지시하고 b에서 "A woman"을 다음절에서 "she"로 했다. c역시 부정관사의 명사가 다음에는 정관사의 명사가 된다. 담화를 시작할 때 화자는 청자에게 새로운 상황이나 논항을 부정의 개념으로 소개하지만 다음에 동일한 것을 소개할 때 청자가 이미 인지하고 있으므로 한정의 개념으로 이동하게 되는 것이다. 부정시간을 나타내는 현재완료로 시작해서 한정시간을 나타내는 단순과거로 변하는 것도 유사한 전환이다.

ⓓ 부사류의 차이:

현재완료와 단순과거의 선택은 흔히 동반하는 부사의 종류와 관련되어 있다. 일반적으로 현재완료와 사용할 수 있는 부사류는 공통적으로 현재와 관련이 있어야 하고, 반면에 단순과거와 사용하는 부사류는 분명한 과거의 시간을 지시하는 것이어야 한다. 지금부터 현재완료, 단순과거와 관련하여 부사류를 3가지로 분류하여 살펴보기로 한다:

첫째, 현재완료와 사용하는 부사류: 과거부터 현재까지 계속되는 시간을 나타내는 부사류로, 'so far', 'up to now', 'since then', 'since it happened', 'always', 'for the past weeks', 'hitherto', 'from a child', 'in the last year' 등이 있다. 이러한 부사류를 사용하는 현재완료는 상황 자체의 계속을 나타내는 계속완료 혹은 상황이 발생할 수 있는 시간을 나타내는 부정완료가 될 수 있다. 다음 예를 본다:

  a. So far, I have not heard anything in particular.
  b. We've had four presidents since your father.
  c. He has been a radio reporter for the past three years.

위에서 a의 "so far"와 b의 "since"는 상황이 발생할 수 있는 시간을 나타내는 부사류와 함께 부정완료를 나타낸다. c에서 현재완료는 "for the past three yerars"를 사용하여 계속완료를 나타낸다. 다음은 위와 유사한 부사류를 사용하는 현재완료의 예이다(COCA):

What have you learned in the last year?
That is the most terrible story I have ever heard from a child.
We have always celebrated her birthday up to now.
It has been nearly forty years since she has seen him.

현재를 나타내는 'for the present', 'for now', 'for the time being', 'at present' 등은 현재완료와 사용할 수 있다. 다음 예를 본다:

a. Now I have decided to let you go.

b. At present we have been successful.

위의 a에서 현재완료는 과거 상황을 나타내지만 결과적인 현재의미 때문에 "now"가 사용될 수 있다. b에서 역시 현재완료의 현재의미와 "at present"는 시간적으로 충돌하지 않는다. 다음은 위와 유사한 예들이다 (COCA):

Well, I guess we've done all we can here for the moment.

Apparently, both have given up hope for the time being.

Budget meetings at the White House have ended for now.

There's little doubt where his thoughts have run at the moment.

둘째, 단순과거와 사용하는 부사류: 현재를 포함하지 않고 과거 시간만을 나타내는 'three days ago', 'earlier this month', 'last week', 'yesterday' 등은 단순과거와 사용한다. 다음 예를 본다:

a. I saw her yesterday.

b. He left ten minutes ago.

c. His father passed away last year.

위의 a에서 "yesterday", b의 "ago", c의 "last year"는 다르게 해석할 수 없는 분명한 과거시간의 부사로 과거시제와 사용한다. 그러나 시간부사 중에 지시적 시간이 아닐 수도 있는 'at 6 o'clock', 'in the afternoon', 'before lunch', 'soon', 'then' 등은 문맥상으로 과거를 나타낼 때는 단순과거와 사용하고, 반복적 혹은 습관적 상황의 시간을 나타낼 때는 현재완료와 사용

할 수 있다. 다음 예를 본다:

    a. We {have had/ had} a meeting in the afternoon.
    b. They {have had/ had} discussion before lunch.

위의 a에서 "in the afternoon"과 b의 "before lunch"가 특정한 과거시간이라면 단순과거를 사용하지만 반복되는 시간이라면 현재완료 혹은 단순과거를 사용할 수 있다. 다음은 위와 유사한 예들이다(COCA):

    … it has added to sales early in the week and on Sunday
    nights, he says.
    I think every one of them has been in the morning ….
    Sometimes, after everyone has left at night ….
    … the strip steaks I've had at lunch are better than those
    I've had for dinner ….

셋째, 현재완료 또는 단순과거와 사용하는 부사류: 'this morning', 'tonight', 'this July' 'today' 등은 화자의 발화 시점 혹은 관점에 따라 현재완료 혹은 단순과거를 사용할 수 있다. 다음 예를 본다:

    a. I've been to the fitness center this morning.
    b. I went to the fitness center this morning.

위에서 화자가 a를 사용할 수 있는 경우는 2가지이다. 우선 발화 시점이 아직 아침 시간이 지나지 않은 시간, 이를테면 아침 10시 같은 때이다. 다른 하나는 아침 시간이 지난 시간인데 화자가 아침을 오늘의 일부 즉 'in the morning today'로 해석하는 경우이다. b는 화자가 오늘 아침을 이미 지나간 과거시간으로 보고 그러나 발화 시점은 오늘에 속하는 경우이다. 다른 예를 더 본다(COCA):

> I hope that I have helped you today.
> Thank you for all you did tonight.
> What has happened this week?
> Nearly $2.1 trillion has evaporated this month alone.
> All of them died this year!

　근접과거를 나타내는 'recently', 'lately', 'just', 'this minute' 등은 현재완료 혹은 단순과거 모두와 사용할 수 있다. 'just now'는 근접과거이나 확실한 과거를 나타내는 표현으로 간주되어 현재완료와 사용할 수 없다. 다음 예를 본다:

> a. I've just finished my paper.
> b. I just finished my paper.
> c. I {*'ve finished/finished} it just now.

위의 a와 b는 실질적으로 동일한 의미를 나타낸다고 보지만 화자가 각각을 사용하는 관점은 다르다. a에서 화자는 근접한 과거와 현재를 잇는 시간 중에 상황이 종결되었음을 나타내고, b에서 화자는 근접한 과거 시간에 상황이 끝났음을 뜻한다. c에서 "just now"는 단순과거와 사용할 수 있다. 비슷한 예를 더 보기로 한다(COCA):

> Our family has moved here recently.

I retired recently.

The holiday has become more popular lately.

Morgan noticed lately ….

She hasn't understood until this minute ….

I never heard of him until just this minute ….

과거부터 현재까지의 기간 중에 일부 시간으로 특정한 시간을 나타내지 않는 'already', 'always', 'before', 'ever', 'never', 'yet', 'since' 등은 부정완료의 현재완료와 사용할 수 있지만, 단순히 현재와 단절된 과거를 나타낸다고 보면 과거시제를 사용할 수 있다. 다음 예를 본다:

   a. I've told her this already.
   b. I told her this already.

위에서 a는 현재완료를 사용하여 과거에서 현재에 이르는 기간 중에 발생한 상황을, b는 단순과거를 사용하여 과거시간에 발생한 상황을 나타낸다. 그러나 실제로 화자는 이러한 미세한 차이를 무시하고 서로 동일한 의미로 사용하는 경우가 많다. 'already'처럼 과거의 특정한 시간을 나타내는 부사가 아닌데도 불구하고 과거시제와 함께 사용되는 경우는 과거시제의 예외적인 용법으로 간주하는 것이 적절하다. 다음은 위의 부사들이 현재완료와 사용되는 예이다(COCA):

Have you had lunch yet?

The two have worked together before ….

Mavis has never met her and never wants to.

Has she ever had a blood transfusion?

We've always enjoyed our time with her.

다음은 위의 부사들이 단순과거와 사용되는 예이다(COCA):

I always wanted to be a doctor.
They never spoke to me first.
Did you ever go there?
We are already in the kingdom.
Did he seem okay before?

'now'가 현재를 나타낼 때는 현재완료와 사용할 수 있고 과거를 나타낼 때는 과거시제와 사용한다. 다음 예를 본다:

a. Now he has gone.
b. They were so tired now.

위에서 a의 "now"는 현재시간이고 b의 "now"는 과거시간이다. 유사한 예들이다(COCA):

I was alone now, all right.
Well, I didn't know until now ….
… now he became a raving lunatic.
And has that been a problem until now?
Now time has stopped in quite a different way ….

구체적인 시간을 나타내는 'at one o'clock' 같은 표현도 해석하기에 따

라 부정시간이 된다면 현재완료와 사용할 수 있다. 다음 예를 본다:

 a. She's been out at ten o'clock (before).
 b. She was out at ten o'clock (last night).

위에서 "at ten o'clock"은 a에서 특정한 날의 10시가 아니라 불분명한 날의 시간을 가리키기 때문에 현재완료와 사용될 수가 있지만, b에서는 지난밤의 특정한 시간을 가리키기 때문에 과거시제와 함께 사용한다. 다음을 본다:

 a. The girl has often been terrified when she heard the sound of thunder.
 b. The girl was terrified when she heard the sound of thunder.

위에서 a의 'when-절'은 반복적 상황을 나타내기 때문에 특정한 시간이 될 수 없고 현재완료와 같이 사용할 수 있다. b에서 'when-절'을 단일한 상황의 특정한 시간으로 해석하면 단순과거와 사용한다.

6.3 과거완료(past perfect)：'had＋과거분사'

현재완료가 현재를 기준으로 해서 이전에 발생한 상황을 나타내는 것이라면 과거완료는 특정한 과거 시간을 기준으로 해서 그 이전에 발생한 상황을 나타낸다. 과거완료는 과거의 특정한 시간이 전제 되어야 하기 때문에 담화 상에서 처음부터 사용하는 경우가 흔하지 않다. 그러나 문맥상으로 이미 특정한 과거의 시간이 화자와 청자 사이에 공유되어 있다면 다음 예에서 보듯이 담화상의 어느 곳에서나 과거완료를 사용할 수 있다(COCA).

Placing a hand over her mouth, she cut off the screams caught in the back of her throat. Rocking back and forth, she cried without making a sound. The nightmare had returned.

Meanwhile he had married. He came back a married man. A respectable, well-dressed, seasoned ruler of men.

과거완료의 상황은 항상 과거 이전의 과거(past in the past)를 나타내지만 세부적으로 상과 시제의 2가지 경우로 구별할 수 있다.

1) 과거완료의 상

상의 하나인 과거완료는 기본적으로 현재완료와 유사한 의미와 용법을 가지고 있다. 다만 과거완료는 시제가 과거로 바뀌었기 때문에 과거의 기준 시간과 그이전의 상황이 관련되어 있다는 차이가 있을 뿐이다.

현재완료에서 과거 상황의 시간이 부정시간인 것처럼 상을 나타내는 과거완료 역시 부정시간을 나타낸다. 현재완료에서 과거의 상황이 현재와 관련이 되어있는 것처럼 과거완료 역시 과거와 그이전의 상황이 관련을 맺고 있다. 분명히 해야 할 것은 과거완료의 상황은 부정의 시간을 나타내지만 기준이 되는 과거 시간은 특정한 시간으로 부사류 혹은 문맥상으로 이해할 수 있다. 다음 예에서 보듯이 과거완료 역시 계속완료와 부정완료의 2가지 용법으로 나누어진다:

a. Julia had been dead for two years.
b. She had recovered from the influenza when I visited her.

위에서 a는 Julia가 '과거의 기준 시점 2년 전부터 죽었다'는 정태적 상황의 계속을 나타내고, b는 '내가 방문 시점 이전에 그녀가 이미 독감에서 회복되었다'는 동태적 상황의 부정완료를 나타낸다. 다음은 상의 하나인 과거완료의 예들이다(COCA):

The sun had worked its way around the earth.
He had worked there for 20 years.
He and I had known each other since the third grade.
The books had lived on her shelf for six months.
The city's murder rate had exploded in the last few years.

2) 과거완료의 시제

과거완료는 완료상과 관계없이 하나의 시제로서 단순히 과거 이전의 과거 시간을 나타낼 수도 있다. 이때 과거완료는 분명한 과거시간을 나타내는 부사류를 동반하거나 혹은 그러한 문맥과 함께 사용된다. 다음 예를 본다:

a. The incident had happened six weeks ago.
b. They had left here on Friday before I came back.
c. His mother had died last November.

위에서 과거완료는 모두 과거의 특정한 지시적 시간을 나타내는 시간부사류(temporal adverbial)를 동반하고 있기 때문에 시제로 이해하는 것이 적절하다. a의 "six weeks ago"는 별도의 문맥이 없다면 발화시를 기준으로 할 수도 있고 과거의 일정한 시점을 기준으로 생각할 수도 있다. b에서 과거완료는 "before~"절이 과거의 기준시점이 된다. c에서 "last November"는 발화시 혹은 과거시를 기준으로 해도 동일한 시점을 나타낸다. 다음은

위와 유사한 과거완료의 예들이다(COCA):

It was then I realized it had been just yesterday that the storm came.

The invitation had arrived months ago.

Apparently, they knew nothing about what had happened last night.

Malcolm had been killed on Sunday, uh, the previous Sunday ….

과거완료는 동반하는 시간부사류가 없을 때 단순히 문맥으로 상 혹은 시제를 나타내는지 구분하기 힘든 경우가 많은데 이것은 화자가 항상 과거완료를 상과 시제의 용법으로 구분해서 사용하지 않기 때문이다. 다음과 같은 예들이 있다(COCA):

She had moved back only a foot or so when a shell landed.

Did you know that Rachel had brought a knife to your house?

We had been hit. I woke up in the hospital to see my mother gazing at me ….

He had gone into the army, he wore a uniform and rode horses.

Something important had happened to me and I didn't remember it.

3) 과거완료와 단순과거

영어를 사용하는 화자는 대개 두 개 상황의 시간적 전후 관계를 나타낼 때

과거완료는 현재에서 보다 먼 과거, 단순과거는 현재와 가까운 과거를 나타낼 때 사용하는 것이 원칙이라고 말할 수 있다. 그러나 이미 문맥상으로 분명하면 부담스러운 과거완료 대신에 상대적으로 간단한 단순과거를 사용해서 시간의 전후 혹은 동시 관계를 나타낼 수가 있다. 다음 예를 본다:

    a. Mary arrived after they had gone out.
    b. She had gone to surgery before his father arrived.
    c. Soon after I returned to Korea, I learned of his death.
    d. He always thought twice before he answered.
    e. It had been years since I had seen him.
    f. The tree had grown a lot since it was planted.

위에서 a~d는 모두 두 개의 상황이 발생한 시간의 전후 관계를 알 수 있는 접속사 'after'혹은 'before'를 사용하고 있다. a와 c는 모두 'after~'절이 앞선 시간을 나타내고 있으나 각각 과거완료와 단순과거를 사용하고 있다. 'before~'절이 있는 b와 d에서 모두 주절이 앞선 시간을 나타내고 있으나 각각 과거완료와 단순과거를 사용하였다. c와 d에서 문맥 때문에 과거완료 대신에 단순과거의 사용을 가능하게 했다고 볼 수 있다. 오히려 a와 b처럼 접속사로 인해 시간의 전후 관계가 분명한데도 불구하고 과거완료를 사용한다면 이중적으로 시간 관계를 나타내는 표현을 불필요하게 사용하고 있다고 생각할 수도 있다. e처럼 'since~절'은 주절과 동시의 관계를 가지므로 논리적으로 과거완료를 사용하는 것이 옳은 것처럼 보이지만 실제로 화자들은 f처럼 단순과거를 사용하기도 한다. f에서 화자는 주절에서 과거완료로 과거시간을 설정한 후에 동시적인 표현으로 단순과거를 사용했다. 유사한 예를 더 보기로 한다(COCA):

Neither guard spoke again even after she passed them.

Yesenia sobbed...even after she had turned the car off.

Picasso painted her in 1923 shortly before he abandoned her.

Shortly before they headed to Australia, the Nelsons had signed
with Geffen Records.

··· it had been more than two weeks since he had left Memphis.

He had worked with Patella ever since he came here ···.

위에서 과거의 다른 시간에 발생한 두 개의 상황을 한 문장으로 기술할 때
과거완료와 단순과거 혹은 2개의 단순과거를 사용하는 2가지 경우를 보았
다. 화자의 입장에서 2가지 경우는 각각 상황을 보는 시간적인 관점의 차
이가 존재한다. 우선 과거완료와 단순과거를 사용하면 과거의 기준시간을
설정하고 그 이전의 과거를 나타내는 방식이다. 반면에 2개의 단순과거를
사용하면 과거의 기준시간을 따로 설정하지 않고 현재에서 가까운 과거와
먼 과거의 상대적 시간적 거리감을 접속사로 나타낸다. 동일한 상황이지
만 화자의 의식 속에는 시간적 표현 방법을 달리하고 있는 것이다.

6.4 미래완료(future perfect): 'will + 완료형'

영어에서 미래완료는 일정한 미래의 시점에서 본 과거의 상황을 나타내는
표현으로 현재완료나 과거완료에 비해 빈도수가 현저히 떨어진다. 미래완
료의 미래시점에서 본 과거 상황이 발생한 시간은 현재 이후 혹은 이전이
될 수도 있다. 다음 예를 본다:

a. His son soon will have been dead for one year.

b. I'm hoping everybody will have gone home by then.

위의 a에서 "will"은 미래시간을 나타내는 조동사이지만 그의 아들이 죽은 시기는 현재 이전이 될 수도 있고 혹은 현재 이후가 될 수도 있다. b는 문맥으로 보아 상황이 현재 이후가 될 가능성이 크다. 위에서 미래완료는 완료상의 의미인 기준시점에서 과거를 조망하는 화자의 관점을 공유하고 있는 것을 알 수 있다. 다음 예를 본다:

a. That'll be Jane. She always rings the bell at this hour.
b. Timmy will have been dead before he got there.

위의 a와 b에서 "will"은 미래시간의 조동사가 아니라 현재의 추측을 나타내는 서법조동사의 용법을 나타낸다. a는 현재 상황, b는 과거 상황에 대한 화자의 추측을 나타내고 있으며, 여기서 "will"은 'must'로 대치해도 거의 비슷한 의미를 유지한다. 다음은 미래시간의 완료상을 나타내는 미래완료의 예들이다(COCA):

… we - June 12th we will have been married 30 years.
The news will have reached all parts of the city by tomorrow.
This June, 55 years will have passed since our graduation.
True victory will have been achieved when Iraq holds its first genuinely democratic elections.
By the time you reach this point, you will have built up such a strong constitution that you probably won't faint.

6.5 현재완료진행(present perfect progressive) : 'have been + 현재분사'

현재완료와 진행상이 결합한 형태인 현재완료진행은 기본적으로 각각의 의미가 결합한 의미를 가진다고 할 수 있지만 양자의 의미만으로 설명할 수 없는 부분도 있다.

1) 현재완료진행의 기본적인 의미는 과거에서 현재까지 이어지는 동태적 상황의 계속이다. 다음 예를 본다:

    a. I've been cooking for my family.
    b. I'm cooking for my family.

위에서 a와 b의 시제는 모두 현재시제이고 상은 전자가 완료상이고 후자는 진행상이다. a는 과거에서 현재까지 계속해서 요리하는 상황을, b는 발화시의 전후로 요리를 진행하는 상황을 나타낸다. 그래서 a와 b는 시간적으로 각각 과거에서 현재까지, 그리고 현재라는 차이점을 가진다. 다음 예를 본다:

    a. They have worked together since last year.
    b. They have been working together since last year.

위에서 a는 과거에서 현재까지 계속을 나타내는 계속완료이고 b는 역시 과거에서 현재까지 계속되는 상황을 나타낸다. 여기서 현재완료진행은 현재완료의 용법 중에서 계속완료와 유사한 의미를 가진다는 것을 알 수 있다. 그러나 a와 b의 함의는 다를 수가 있다. 예를 들면 a는 단지 과거에서 현재까지 이어지는 상황을 나타내는 반면에, b는 그와 동시에 진행상이 가지는 잠정적 의미가 추가되어 앞으로의 변화 가능성을 암시할 수도 있다. 즉 b는 두 사람이 지금까지 같이 일해 오고 있지만 앞으로는 그렇지 않을 수도 있다는 의미를 내포할 수도 있다.

2) 진행상이 되기 어려운 동사는 역시 현재완료진행이 되기 어렵다. 다음 예를 본다:

    a. *He has been having big hands.
    b. She has been coughing a lot.

위의 a에서 'have'는 정태동사로 진행상이 될 수 없고 현재완료진행에서도 사용이 가능하지 않다. b에서 'cough'는 순간동사로 진행상이 되면 반복을 나타내고 현재완료진행 역시 동일한 의미를 가진다. 그러나 상대적으로 빈도수가 매우 적기는 하지만 현재완료와 마찬가지로 정태동사가 현재완료진행이 되는 예를 발견할 수 있다(COCA):

    Well, I've been knowing him for six months.
    The woman I have been loving is not you ….
    Mike has been believing in the business cycle for a long time.
    I've been considering whether to continue.
    I've been wanting to thank you.

3) 현재완료진행은 계속완료와는 다르게 계속의 부사 없이도 과거부터 현재까지의 계속을 나타낼 수 있다. 다음 예를 본다:

a. It has rained three straight days.
b. It has been raining (three straight days).

위에서 a처럼 계속완료는 대개 계속을 나타내는 부사가 동반하지만 b처럼 현재완료진행은 별도의 부사가 없어도 현재까지의 계속을 나타낼 수 있다. 이처럼 현재완료진행은 과거부터 현재까지 계속을 나타내기에 매우 적합한 표현 방법으로 현재완료의 계속완료를 보충하는 표현으로 사용할 수 있다. 다음 예를 본다:

a. He has sung in the choir for long.
b. He has been singing in the choir for long.

위의 a에서 현재완료는 부사가 있지만 별도의 문맥이 없다면 계속완료 즉, '그는 오랫동안 그 성가대에서 노래를 해왔다'와 부정완료 즉, '그는 오랫동안 그 성가대에서 노래를 한 적이 있다'의 중의성을 가질 수 있다. 그러나 b 처럼 현재완료진행을 사용하면 중의성이 없어지고 과거부터 현재까지의 계속을 나타낸다.

4) 수동완료진행은 현대영어에서 불가능한 것은 아니지만 극히 제한적으로 사용된다. 다음은 수동완료진행의 예들이다(COCA):

This has been being hashed around for almost a decade.
The most difficult thing has been being confined inside ….
He might have been being skinned alive … it has been being paid regularly.

경우에 따라 수동완료진행의 문장이 문법적인 문장으로 받아들이기에는 빈도수가 너무 작다고 보면 사용을 자제하고 대신 수동완료의 문장으로 사용하는 것이 적절한 사용법일 것이다.

5) 성취동사가 현재완료가 되면 상황의 완료를 나타내지만 현재완료진행이 되면 현재 아직 상황이 종결되지 않을 수도 있음을 나타낸다. 다음 예를 본다:

    a. He has built a house lately.
    b. He has been building a house lately.

위에서 a는 성취동사의 현재완료가 집의 건설이 이미 끝난 상태를 나타내고, b는 문맥에 따라서, 예를 들면 다음에 'and will finish it this year' 이 오면 건설이 아직 완성되지 못하고 계속됨을 나타낸다. 다음은 성취동사가 현재완료진행으로 사용되는 예들이다(COCA):

    Donny ⋯ has been writing a novel for the last ten years or so ⋯.
    My company ⋯ has been growing up with its customers.
    Lately, she has been losing weight.
    Your horses have been eating my bike ⋯.
    He also has been mending relationships with bottlers ⋯.

6) 현재완료진행의 용법 중에는 상황이 현재까지 계속되는 것이 아니라 이미 가까운 과거에 멈추었으며 그래서 상황의 결과가 현재에 남아있음을 나타내는 경우, 혹은 과거부터 현재까지 계속되는 습관을 나타내는 경우

도 있다. 다음 예를 본다:

a. I've been drinking since I was 18.
b. You look like you've been drinking.

위에서 a는 '나는 18세부터 시작해서 지금까지 음주를 하고 있다'는 뜻이고, b는 조금 전까지 술을 마신듯 한 사람에게 하는 말이다. 다음은 위의 b와 비슷한 예들이다(COCA):

You have been drinking. You talk nonsense beyond control.
It has been raining. There has been heavy fog.
I have been sleeping for about three hours and feel well rested.
We have been driving through the clouds. I feel queasy.
I have just been thinking, and I have come to a very important decision.
He's just been watching the sky that long that he knows exactly
….

7) 지금까지 기술한 현재완료진행의 의미를 요약하면 현재완료의 의미와 진행상의 의미를 결합한 것이라고 할 수 있다. 현재완료의 측면에서 보면 과거에서 현재까지 이어지는 시간이 모든 경우에 현재완료진행의 용법에서 핵심적 역할을 한다. 계속완료처럼 상황 자체가 현재까지 이어지는 경우와 부정완료처럼 현재이전에 상황이 종료된 경우 혹은 그 결과가 현재에 남는 현재완료진행이 모두 여기에 속한다. 진행상의 측면에서 볼 때 동태적 계속이라는 의미가 중요한 의미로 현재완료진행에 관여한다. 동태적 상황은 항상 변화를 내포하고 있으므로 현재완료진행은 모두 일시적 상황

을 나타낸다. 현재완료진행에서 현재까지 계속되는 상황 혹은 현재 이전에 종결된 상황 모두 함의적 의미로 변화를 나타내고 있음을 위의 예에서 확인할 수 있다.

6.6 과거완료진행(past perfect progressive)：'had been + 현재분사'

현재완료진행에 비해 빈도수가 적은 과거완료진행은 과거완료와 진행상의 의미를 결합한 의미를 나타낸다. 과거완료는 이미 6.3에서 기술한 것처럼 상과 시제의 2중적인 의미를 가지는 문법형태이다.

1) 과거완료상의 진행

현재완료의 현재시간 대신에 과거시간이 기준이 되어 이전 시간부터 과거의 기준시간까지 이어지는 시간대에서 발생하는 상황의 계속을 나타낸다. 다음 예를 본다：

   a. They had been working here since Friday.
   b. I had been driving too fast. I gently pressed the brake.

위에서 a는 과거 금요일부터 과거 기준시점까지 일했었다는 것을 나타내고 b는 브레이크를 밟은 시점을 기준으로 그 이전까지 과속을 했었다는 것을 나타낸다. 여기서 과거완료진행은 현재완료진행과 기준시간은 다르지만 동일한 기본의미를 나타낸다. 다음은 위와 비슷한 과거완료진행의 예들이다(COCA)：

She had been living in Springfield since 1999.

He had been watching close. We were half-way across ….

My wife had been listening to me and I filled her in on ….

She had been walking no more than ten minutes when a
patrol car stopped alongside her ….

2) 과거완료시제의 진행

과거 이전의 과거 상황의 계속을 나타내지만 과거의 기준시간과는 연결이
안된다. 다음 예를 본다:

a. It had been raining yesterday.
b. She had been living here then.

위에서 과거완료진행의 a와 b는 각각 분명한 과거의 시간부사인
"yesterday"와 "then"을 동반 사용하고 있으며 과거의 기준시간 이전의 상
황을 나타낸다. 위의 예를 현재완료로 바꾸면 비문법적인 문장이 된다:

a. *It has been raining yesterday.
b. *She has been living here then.

그러나 과거진행으로 바꾸면 문법적인 문장이 될 수 있다:

a. It was raining yesterday.
b. She was living here then.

이상에서 분명한 과거 시간을 나타내는 부사와 함께 사용하는 과거완료진

행은 과거완료시제에 진행상을 더한 의미를 가진다는 것을 확인 할 수 있다. 다음은 유사한 예들이다(COCA):

A month ago she had been sitting on the floor ….
I do not remember what work they had been doing
that morning ….
I wondered what Fancy had been thinking right then ….
Last year, we had been knocking on the door quite a few
times ….
On this night he had been taking pictures of the Wizard
Girls ….

6.7 미래완료진행(future perfect progressive): '**will have been** + 현재분사'

주로 문어체에서 매우 제한적으로 사용되는 표현으로 미래완료에 진행상을 더한 의미를 나타낸다. 미래완료가 미래의 기준 시점 이전의 상황을 나타내는 경우와 과거 상황을 나타내는 경우가 있는 것처럼 미래완료진행 역시 미래 기준시간 이전의 진행, 혹은 과거의 진행을 나타낼 수 있다. 이 두 가지 용법 역시 동반하는 부사 혹은 문맥에 의해 구별이 가능하다. 다음 예를 본다:

a. I will have been living here over ten years next year.
b. Yesterday they will have been waiting for me there.

위에서 a는 '내년이 되면 나는 여기서 10년 넘게 살게 된다'는 미래의 상황을, b는 '그들이 어제 거기서 나를 기다리고 있었을 것이다'라는 과거의 상황을 나타낸다. 다음은 전자와 유사한 예들이다(COCA):

I will have been representing the county four years at the end of the year ⋯.
All day I will have been cooking something that you love ⋯.
This week, U.S. troops will have been fighting in Iraq longer than they did in World War II ⋯.
At least 30 minutes before you are ready to bake ⋯ the dough will have been rising ⋯ 400 degrees.
Well, hopefully you will have been organizing ⋯.

다음은 미래완료진행이 과거의 상황을 나타내는 예들이다(COCA):

They will have been talking at least for almost a year now ⋯.
Whoever is proved right here essentially will have been deceiving me.
Many will have been taking aspirin for this.
It will have been sitting there for hours, in the moisture, hanging, bent in half ⋯.

07 습 관 상(habitual aspect)

장기간에 걸쳐 지속적 혹은 반복적으로 이어지는 상황을 나타낸다. 영어에서 습관상을 나타내는 표현으로 'used to', would, 'be used to', 'be accustomed to'가 있다. 지금부터 이들 각각의 의미와 용법을 살펴보기로 한다.

7.1 used to V

/juːstuː/ 혹은 /juːstə/로 발음하며 과거의 장기간에 걸친 정태적 혹은 동태적 상황의 지속 혹은 반복을 나타낸다. 부정형과 의문형은 조동사 'did'를 사용하여 각각 'He didn't used to live here.'와 'Did he used to live here?' 처럼 사용한다.

1) 정태, 활동, 성취, 도달 등의 어상과 결합하여 각각 다른 용법을 만들어낸다.

Ⓐ 정태동사:

과거의 습관이 아닌 일정한 시간에 지속되었던 상태를 나타낸다. 다음 예를 본다:

    a. He used to own a mansion.
    b. I used to love Mary.

위에서 a와 b는 과거에 일정 기간 지속되었던 정태적 상황을 나타낸다. 다음은 'used to' 다음에 정태동사가 오는 예이다(COCA):

    How happy I used to be then!
    You didn't used to like it.
    Did you used to think he was kind?
    They used to live just outside Saxtons River.
    I used to know Cody a long time ago.

Ⓑ 활동동사:

습관적 혹은 반복적으로 발생했던 동태적 상황을 나타낸다. 다음 예를 본다:

    a. Red used to walk in the rain.
    b. Jane used to smile at me.

위에서 a와 b는 과거의 불분명한 시기에 반복적으로 발생했던 동태 상황을 나타낸다. 다음은 'uese to' 다음에 활동동사가 오는 예이다(COCA):

She used to say, "It's my fault?"

We used to go to temple every Sunday.

He used to work here as a reporter.

She used to make fun of people who believed.

He used to teach Sunday school.

ⓒ 성취동사:

반복적 의미가 가능할 때 사용할 수 있다. 다음 예를 본다:

a. I used to draw a picture.

b. I used to draw pictures.

c. I used to draw the picture.

위에서 a는 성취 상황인 "draw a picture"의 과거의 반복을 나타낸다. b에서 "draw pictures"는 논항이 복수가 되면서 반복적 성취 상황이 되고, 문장은 전체적으로 과거에 일어난 반복적 성취 상황의 반복을 나타낸다. c에서 "draw the picture"는 'used to'와 결합하기 위해서는 반복을 나타낼 수 있는 특별한 해석, 예를 들면 '장미꽃의 그림을 반복적으로 그렸다'와 같은 해석이 필요하다. 다음은 'used to' 다음에 성취 혹은 그의 반복을 나타내는 동사가 오는 예이다(COCA):

My father used to make a Boston cream pie.

I used to describe it as living in Nirvana.

He used to buy these Hindu posters from a head shop.

I used to build the things for her.

He used to bring his laptop to bed to play chess....

ⓓ 도달동사:

반복적 의미가 가능할 때 사용한다. 다음 예를 본다:

    a. She used to drop a pebble in the lake.

    b. She used to drop pebbles in the lake.

    c. She used to drop the pebble in the lake.

위에서 a는 도달 상황인 "drop a pebble in the lake"의 습관적인 반복을 나타낸다. b역시 도달 상황의 논항이 복수로 바뀌어 습관적인 반복을 나타낸다. c가 습관적 반복 상황이 되기 위해서는 '그녀는 매번 동일한 조약돌을 호수에 떨어뜨렸다'와 같은 특별한 해석이 필요하다. 다음은 'used to' 다음에 도달동사가 오는 예들이다(COCA):

    She used to arrive frozen solid ⋯.

    I used to drop water bombs on the heads of our neighbors.

    He used to hit 220 yards.

    I used to catch him walking the hall every day ⋯.

    I used to sit down with him each afternoon and evening ⋯.

2) 'used to'는 과거를 부정하는 현재의 함의를 가질 수 있으나 반드시 그런 것은 아니다. 다음 예를 본다:

    a. Did he used to love her?

    b. Yes, he used to love her, but no longer.

    c. Yes, he used to love her, and he still does.

    d. Yes, he used to love her, but I don't know whether or not he does now.

위에서 처음에 화자가 a의 질문을 했다면 청자는 b, c, d 중에 어떤 대답을 해도 적절한 대화가 될 수 있다. 그러나 '그이가 지금도 그녀를 사랑한다'는 것을 알면서도 a의 질문에 단순히 "Yes, he used to love her."라고 대답한다면 이것은 청자로 하여금 b의 답으로 이해하게 하는 잘못을 범하게 될 가능성이 크다. 이러한 사실에 비추어 볼 때 'used to'의 현재 의미는 엄격하게 과거를 부정하기 보다는 그럴 가능성이 큰 것으로 이해하는 것이 적절하다. 다음은 과거와 반대되는 'used to'의 현재의미를 나타내는 예들이다(COCA):

> I used to love James Cameron, but no longer.
> I never used to like math but now it is my favorite subject ….
> That's the way it used to be, but things have changed.
> He used to smoke but he quit six years ago ….
> Are you lucky? I used to be, but now I'm not so sure.

3) 대개 부정의 과거시간(indefinite past time)을 나타낸다. 따라서 원칙적으로 상황이 발생한 과거의 구체적 시간이나 혹은 상황의 구체적인 지속 시간을 나타내는 시간부사와 함께 사용하지 않는다. 다음 예를 본다:

> a. *They used to work here for three months last year.
> b. They worked here for three months last year.
> c. He used to stay here for a week every summer.

위에서 a는 상황이 발생한 시간과 지속 시간이 구체적으로 표현되어 있으므로 부정의 과거시간을 나타내는 'used to'를 사용하기 힘들다. a가 적절한 문장이 되기 위해서는 b처럼 단순과거로 하거나 혹은 부사를 빼야한다. c에서 부사를 포함한 개별적 상황이 전체적으로 부정 시간의 습관을 형성한다. 이와 같이 c처럼 습관 자체가 부정시간을 나타낸다면 'used to'는 시간 부사와 함께 사용하는 것이 가능하다. 다음은 위와 비슷한 예들이다 (COCA):

> The primary season used to last from January to June.
> Did you know a cold used to last seven days?
> Didn't you say you used to pitch last year?
> Last year I used to wear short skirts. This year I decided to go a little bit longer.

4) 빈도수가 비교적 낮지만 'used to' 다음에 진행상을 사용하면 제한계속을 나타내는 과거 개별 상황의 반복을 나타낸다. 다음 예를 본다:

> a. She used to be going around with him.
> b. I used to be feeling alone.

위에서 a와 b는 각각 동태상황과 정태상황으로 모두 과거에 제한계속의 개별상황이 반복되는 것을 나타낸다. 다음은 위와 비슷한 예들이다(COCA):

> I used to be feeling kind of lousy confined to that cell ….
> You used to be reading books in Latin.
> We used to be talking about kidnappings, extortions,

drug cases.

Your Grandfather used to be doing a lot of things around.

He used to be working fourteen hours a day in the shipyards of the Loire.

7.2 would

과거의 습관적 상황을 나타낼 수 있는 표현으로 'used to'와 의미상으로 별로 차이가 없어 보인다. 다음 예를 본다:

a. Mother used to get up before sunrise.
b. Mother would get up before sunrise.

위에서 a와 b는 각각 'used to'와 'would'를 사용하여 모두 과거의 습관을 나타낸다. 그러나 6.1에서 이미 기술한 것처럼 'used to'는 흔히 과거 상황을 부정하는 현재의미를 가지거나 혹은 그런 의미를 나타내는 표현이 이어지는 반면 'would'는 어떠한 현재의미도 없고 단지 과거의 습관을 나타낸다.

1) 담화상에서 'used to'와 'would'는 배열의 순서에서 차이가 난다는 주장이 제기 되었다(Suh 1992). 다음 예를 본다:

a. She used to live in Bangkok and I would visit her in the summers.
b. "I'm getting weaker, Jane," she used to say. Jane would

answer, "But you're not old."

위에서 a와 b는 모두 과거의 지속적 혹은 반복적 상황을 나타내기 위해 처음에는 'used to', 다음에 'would'를 사용하고 있다. 이처럼 과거의 습관상을 나타내기 위해 담화상에서 처음에 'used to'로 시작해서 다음에 'would'로 이어받는 예는 어렵지 않게 발견할 수 있다. 다음은 위와 유사한 예들이다(COCA):

"Baby," he used to say to me, and I would answer, barely above a whisper, "Yes?"

It used to drive me crazy when I would go shopping with my mom and she decided to buy something.

"I used to make candy after candy. I would go to the dime store and get jars and send it to their teachers," Deen says.

··· we used to stay in this room when we would come visit them.

And they all used to stand up. One would stand up and the other would stand up and finally the person who really was the person.

2) 'used to'와 'would'가 과거의 습관을 나타낼 때 의미상으로 양자의 유일한 차이는 전자가 현재의미를 갖는다는 것이다. 그렇다면 'used to'의 현재의미가 담화상에서 양자의 배열 순서의 차이를 가져오는 원인이 될 수 있

다는 생각을 해볼 수 있다.

이와 관련하여 6.2에서 이미 확인한 것처럼 과거의 상황을 기술하는 담화상에서 먼저 현재완료를 사용하고 이어지는 과거 상황은 단순과거로 기술하는 예를 흔하게 볼 수 있다. 'used to'와 현재완료는 모두 현재의미를 갖고 있는 공통점을 가진다. 이러한 현상은 미래 상황을 나타내는 'be going to'와 'will'에서도 동일하게 적용이 된다(8.4 참조). 그렇다면 과거 혹은 미래의 연속적인 상황을 나타낼 때 동일한 시간대를 나타내는 표현 중에 현재의미를 가진 현재완료, 'used to', 'be going to'가 각각 단순과거, 'would'와 'will' 이전에 와서 담화를 선도한다고 생각할 수 있다.

3) 그러나 다음 예에서는 오히려 양자의 순서가 거꾸로 되어 있다(COCA):

Pop would disappear for a few days, and Ma would grow quiet. She used to run the water in the upstairs bathroom so we wouldn't hear her cry.

··· they would start whispering and kissing. I used to watch them with fascination and with an intimation of delicious pain.

That's how they would arrest him. He and Jody used to go deer hunting farther north ···.

위의 예에서 'used to'와 'would'의 순서는 별 의미가 없어 보인다. 어쩌면 단지 표현의 변화를 주기위한 방법의 하나일 수 있다. 결론적으로 담화상에서 'used to'와 'would'의 순서는 원칙 보다는 경향으로 보는 것이 적절하다.

7.3 {be/ get/ become} used to V-ing;
{be/ get/ become} accustomed to V-ing

'~에 익숙해지다' 혹은 '~습관이 들다'의 의미를 나타낸다. 'be used to'에서 'used'는 /juːst/로 발음한다. 주로 현재 혹은 과거시제로 사용되며 미래시제에서 사용하는 예는 빈도수가 현저히 낮다. 관계되는 예들이다(COCA):

We're used to seeing court on television.

I got used to having you around.

"She'll get used to hearing your voice," Mara says.

Linda has become used to opening her home to strangers.

I'm accustomed to doing seminars and working with the audience ….

… we had gotten accustomed to piling one peak experience atop another.

… then people will get accustomed to bringing them into their homes ….

… she had become accustomed to being a wall-flower.

08 미래 상(future aspect)

영어에서 미래를 나타내는 대표적인 표현으로 'will/shall', 'be going to V', '현재진행형', '단순현재', 'will+진행형' 이 있는데 이중에 'be going to V'와 현재진행형은 미래 상황을 나타내는 동시에 현재의 고유한 의미를 내포하고 있다. 현재완료와 'be going to'는 각각 과거 상황과 미래 상황을 지시하지만 양자가 모두 현재의 함의를 가지는 공통점을 가지고 있다. 6장에서 완료형이 완전상 혹은 불완전상의 범주에 들어갈 수는 없지만 상의 정의를 광의로 해석하여, '상황을 보는 화자의 관점'으로 하면 완료상이 될 수 있다고 기술한 바 있다. 마찬가지로 미래를 나타내는 'be going to V'와 현재진행형이 완전상이나 불완전상의 범주에 속하지는 않지만, 미래 상황을 현재의 의미와 관련하여 보는 화자의 관점을 나타낸다는 점에서 이들을 '미래상'을 나타내는 표현으로 생각할 수 있다.

8.1 be going to V

화자가 'be going to V'를 사용하면 현재의 결과로 생기는 미래 상황을 나타내는 관점을 가지고, 상대적으로 비격식체의 구어체 영어에서 많이 사용한다. 비표준어에서 'going to'의 축약형으로 'gonna(/gənə/)'를 사용하는데, 목적을 나타내는 'to-부정사'와 구별해야 한다. 다음을 본다:

a. I'm going to do it. (=I'm gonna do it.)
b. I'm going (in order) to do it.

위의 a에서 'going to'는 단일 구조를 형성하고 있으며 'gonna'로 축약할 수 있다. 그러나 b에서 'going to'는 현재분사인 going과 목적을 나타내는 'to-부정사'가 분리된 구조를 형성한다. 'be going to'는 현재 의미에 따라 여러 용법을 가진다. 다음에 각각의 용법과 예를 보기로 한다:

1) 미래 상황에 대한 현재의 의도를 나타낸다. 다음 예를 본다:

a. Can I see you soon?
b. I'm going to visit you tomorrow.

위에서 a의 물음에 대한 답으로 b는 '내일 방문하려고 한다'는 주어의 의도를 나타낸다. 주어의 의도를 나타내는 'be going to'는 주로 의지를 갖고 행동하는 동작주인 사람이 주어가 된다. 이때 'be going to'는 단순히 주어의 의도를 나타내는데 그치는 것이 아니라 의도된 미래의 상황이 실현될 것이라는 강한 기대를 수반한다. 유사한 예들이다(COCA):

What are you going to do today? I have no idea.
I'm going to get my hand repaired.
We're going to talk about this later.
But, you know, she's going to give it a try.

I'm going to go get a beer tonight.

2) 현재의 원인 혹은 증거와 관련되는 미래 상황을 나타낸다. 다음 예를 본다:

a. Hurry up! We're going to be late.
b. Stop, you're going to make me cry.

위에서 a는 '서둘지 않으면 현재 시간으로 보아 지각할 것 같다'는 말이고 b는 '당신이 말을 멈추지 않으면 나는 울 것 같다'는 의미로 전자는 현재의 급한 상황을, 후자는 현재 화자의 고조된 감정 상태를 나타내고 있다. 위와 유사한 예들이다(COCA):

She knows she's going to die.
At this point, whatever is going to happen has already been set in motion.
We're going to hear what she has to say.
And even though I know what's going to happen, I can't stop it.
Kenny says, looking up to the sky. "It's going to rain soon."

3) 상적인 의미와 관계없이 미래에 대한 예측을 나타낸다. 현재의 의미와 관계없이 단순히 미래 상황에 대한 예측을 나타내고, 그래서 will로 대치해도 별다른 의미 차이가 없는 경우이다. 다음 예를 본다:

a. It's going to happen this weekend.

Yes, it will.

b. I don't see any indication that they're going to go.

위에서 a는 'be going to'를 사용해서 상황의 발생을 예고하고 다시 'will'로 앞의 말을 확인하고 있는데, 양자는 동일한 의미로 사용되고 있다. 그러나 b에서 "any indication"이라는 현재 의미 때문에 'be going to'가 'will'보다 더 적절한 표현이 된다. 단순히 미래에 대한 예측을 나타내는 'be going to'의 예들이다(COCA):

Bad sprain. It's going to take him a while to recover.

Yeah, you're going to win everything today.

Nobody's going to change anything by protesting.

He's going to make a mistake. They all make mistakes.

You're going to love Jack. I just know it.

위와 같은 예가 많이 발견되고 있다는 것은 구어체에서 'be going to'가 'will'과 대등할 정도로 빈도수가 증가하고 있음을 나타낸다. 실제로 TIME 코퍼스에 의하면 1960년대 이후 'be going to'의 빈도수는 2배 가까이 증가하였다.

4) 흔히 'be going to'의 과거시제 혹은 현재완료는 과거의 실현되지 못한 미래 상황을 나타내는 경우가 있다. 다음 예를 본다:

a. I was going to say something, but I won't.

b. I had been going to ask him what he wanted.

위에서 a와 b는 각각 'be going to'의 단순과거와 완료상으로 실행하지 못했던 과거의 의도를 나타내고 있다. 이러한 의미로 사용하는 'be going to'의 완료상은 단순과거에 비해 빈도수가 많지 않은 표현이다. 유사한 예들이다(COCA):

> She was going to pay me to sing and dance. And I said no.
> Oliver was going to ask about the students in Baghdad, but held back.
> He was going to kill an innocent man.
> I was going to leave a little bit early, but not now.
> Dorothy had been going to refuse the test no matter what, but when he said ….

8.2 be going to + 진행상

주로 구어체에서 사용하는 표현으로 'be going to'와 진행상의 의미를 더한 의미를 나타낸다. 다음 예를 본다:

> a. They're going to be talking about it.
> b. Who's going to be coming to your ceremony?

위에서 a는 미래의 계속되는 상황을, b는 미래의 상황을 나타낸다. 특히 b에서 진행상은 상적인 의미가 아닌 미래시간을 나타내기 때문에 b는 실제로 'Who's going to come to your ceremony?'와 별 차이가 없는 문장이 된다. 유사한 예들을 보기로 한다(COCA):

Well, we're going to be working with the committees.
I think that's what's going to be happening now for the next
10 years.
So you're going to be moving out next week?
People are going to be hearing from you?
I'm going to be looking up at the sky.

8.3 현재진행(present progressive)

진행상의 예외적 용법으로 현재진행은 상적인 의미와 관계없이 미래를 나타내는 경우가 있다(5.3 참조). 화자는 현재진행을 사용하여 미래의 상황을 현재의미와 관련하여 보는 관점을 나타낼 수 있다.

1) 현재의 계획 혹은 준비에 의해 예상되는 미래의 상황을 나타낸다. 다음 예를 본다:

    a. She is coming with us.
    b. Tom is joining us from San Francisco.

위의 예에서 보듯이 미래상을 나타내는 현재진행은 이동을 나타내는 이동동사(verbs of movement)가 주류를 이룬다. 미래상을 나타내는 현재진행의 예들이다(COCA):

We are leaving tonight.
They're coming back tomorrow.

Have you plans for Sunday? I'm inviting a few people over.

I'm getting married again!

She's going to be joining us later.

2) 진행상과 미래상의 현재진행은 흔히 시간부사의 동반 여부로 구분할 수 있다. 그러나 현재진행은 시간 부사류가 없어도 적절한 문맥이 주어지면 미래상으로 사용할 수 있다. 다음 예를 본다:

    a. I'm getting married (soon).

    b. The PTA is holding a fair tomorrow.

위에서 a는 "soon"이 없어도 미래시간을 나타낼 수 있고 b는 "tomorrow"가 있어 현재진행의 미래 시간이 분명해진다. 유사한 예들이다(COCA):

I'm taking you to brunch.

I don't know whether I'm coming or going!

Do we know exactly when Anne is leaving?

You're giving birth, aren't you?

It's not moping if you're getting a divorce.

8.4 'be going to'와 'will'

'will'과 'be going to'는 모두 미래 상황을 나타내지만 후자는 항상 현재와 관련된 미래를 나타내는 차이점이 있다(8.1 참조). 지금부터 양자 사이에 가장 흔하게 발견되고 두드러지는 용법의 차이점을 살펴보기로 한다.

1) 미래시간을 나타내기 위해서 'be going to'는 시간부사가 없어도 단독으로 적절한 의미를 전달할 수 있다. 반면에 will은 시간부사 혹은 문맥이 동반되어야 적절한 의미를 전달할 수 있다. 다음 예를 본다:

    a. It is going to rain.
    b. ?It will rain.

위에서 a는 현재의 기상 조건으로 곧 비가 올 것이라는 예측을 나타내므로 시간 부사가 없어도 적절한 의미를 전달할 수 있다. 그러나 b는 현재의 의미와 관계없이 앞으로 비가 올 것을 예측하는 경우이므로 문장 자체로 적절한 의미를 전달하기 힘들다. b가 적절한 의미를 전달하기 위해서는 'It will rain tomorrow'처럼 시간 부사가 따르거나 적절한 문맥이 동반되어야 한다. 이처럼 미래시간을 나타내기 위해서 'will' 혹은 'be going to'를 사용할 때 대개 전자는 시간 부사를 동반할 필요가 있으나 후자는 단독으로 적절한 의미를 전달할 수 있다는 차이가 있다.

2) 'will'은 'be going to'에 비해 조건절의 문장에서 자주 사용된다. 다음 예를 본다:

    a. You will fail if you don't work hard.
    b. You're going to fail if you go on like this.
    c. ?You're going to fail if you don't work hard.

일반적으로 a처럼 조건절 다음에는 미래시간을 나타내는 경우가 많이 오기 때문에 현재와 분리되어 미래를 나타내는 'will'과 'if-절'은 시간적으로 자연스럽게 어울릴 수 있다. b에서 'be going to'와 'if-절'은 모두 현재 의미를 나타내기 때문에 같이 사용할 수 있다. 그러나 c에서 'be going to'의 현재의미와 'if-절'의 미래시간이 서로 시간적으로 일치하지 않는 부분이 있어 적절한 의미를 전달하기 힘들다. 관계되는 예들이다(COCA):

> They will kill us all if they have the chance.
> I will call if you are needed.
> What will he do if he finds the ladies?
> They're going to kill her if she doesn't get better!
> Hey, you're going to overshoot if you keep coming at that speed.

3) 흔히 'be going to'는 상대적으로 'will'에 비해 가까운 미래 혹은 현재와 근접성을 나타낸다. 다음 예를 본다:

> a. The rock is going to fall.
> b. The rock'll fall in a week.

위에서 a는 바위가 조만간 떨어질 것으로 예측하고 있고 b는 어떤 가정 하에, 예를 들면 사람이 밀면 혹은 중력에 의해 일주일 후에 바위가 낙하할 것이라고 예언하고 있다. 이처럼 시간적으로 현재와 인접한 느낌을 줄 때는 'will'보다 의미상으로 현재와 연결된 'be going to'를 사용하는 것이 보다 자연스럽다. 관계되는 예들이다(COCA):

> Excuse me, I think I'm going to be sick.
> That's going to happen today or early tomorrow.
> All right … stand by. We're going to go to a break.

Now, we're going to hear from listeners in just a second ···.

I'm going to ask her a couple of questions now.

4) 'be going to'와 'will'은 모두 의도를 나타낼 수 있지만 용법상에 다소 차이가 있다. 다음 예를 본다:

    a. Don't ask me to help you. I'm going to go out.
    b. Don't ask me to help you. I'll go out.

위에서 a는 '나는 이미 외출하려던 참이니까 나에게 도움을 구하지 마라'는 뜻이고, b는 '도움을 요청하면 나가겠다'는 의미이다. 이처럼 흔히 'be going to'는 발화 전에 이미 가지고 있는 의도를, 반면에 'will'은 발화시의 의도를 나타낸다. 관계되는 예들이다(COCA):

    Fix me another drink, will you? I'm going to take a bath.
    He told me he's going to stay in school next year.
    I'm going to ask her a couple of questions now.
    He's going to try to kill everybody.
    We're going to hear what she has to say. Stay with us.

5) 'be going to'와 'will'은 현재의미의 표현들과 동반 가능 여부에서 차이가 있다. 다음 예를 본다:

    a. We're already going to stay at the hotel.
    b. ?We already will stay at the hotel.

위에서 a는 현재의미의 부사 'already'와 'be going to'가 서로 시간적으로 일치하여 적절한 문장이 되지만 b는 'will'과 'already'는 각각 미래와 현재를 가리켜 시간적으로 엇갈리고 있어 어색한 문장이 되었다. 다음도 비슷한 예이다:

    a. I didn't realize that you're going to buy a new car.
    b. ?I didn't realize that you'll buy a new car.
    c. Did you know that Jane is going to sell her apartment?
    d. ?Did you know that Jane will sell her apartment?

위에서 a와 b의 "I din't realize"와 c와 d의 "Did you know"는 상황의 사전지식을 나타내는 표현으로 다음에 'be going to'는 올 수 있지만 'will'이 오면 상대적으로 어색한 문장이 된다. 이러한 사실은 전자가 현재의미와 미래가 연결되어 있고 후자는 단순히 미래를 나타낸다는 것을 증명하고 있다. 비슷한 예들이다(COCA):

I also finally realized that I am going to make mistakes ⋯.
I remember when I woke up, I realized he is going to kill me and my daughter.
⋯ I just knew my life is going to change.
⋯ knew one day they're going to help me with this situation.
Did you know the Steelers are going to beat the spread on Sunday?

6) 담화상의 배열: 하나의 담화에서 미래 상황이 연속적으로 나올 때 흔히 처음에는 'be going to'로 시작해서 다음에는 'will'을 사용하는 경우가 있

다. 다음 예를 본다(COCA):

    a. Some say that he isn't going to be baptized, that he will leave
       the community.
    b. They're so beautiful! I'm going to move here.
      My office will be in that building.

위의 a에서 미래 상황을 나타내기 위하여 첫 번째 'that-절'은 'be going to'를, 다음 'that-절'은 'will'을 사용하고 있다. 여기서 양자가 시간적 의미에서 차이가 있다고 보기 어렵다. b에서 이어지는 두 째 문장과 다음 문장에서 각각 'be going to'와 'will'을 사용하고 있다. 여기서도 역시 a와 마찬가지로 양자가 시간적으로 특별한 차이가 없어 보인다. 이렇게 담화상에서 처음에는 'be going to'를, 다음에 'will'을 사용하는 이유가 무엇일까? 이것은 화자가 대개 심리적으로 현재에 근간을 두고 있기 때문으로 추측된다. 화자는 미래 상황을 나타낼 때 현재와 연결되어 있는 'be going to'로 시작하고 다음에 현재와 분리되어 있는 'will' 사용할 가능성이 크기 때문이다. 유사한 예들이다(COCA):

We're going to take a quick break. We will be back in a moment.

That average Americans are going to get a tax credit. Small businesses will get a tax credit. Americans will be able to have the same choices that their members of Congress have.

Tomorrow morning, we are going to taste some pies! We will

wake up early, travel through the neighborhood, and taste all the pies in town as they cool on windowsills before the parade.

I am going to explode. Pieces of me will burst like a balloon. Shreds of me will flutter to the ground, but what is inside, the air, will rush out and spread apart.

7) 격식체와 비격식체: 'be going to'와 'will'은 각각 고유한 의미와 용법을 가지고 있지만 별다른 의미 차이가 없이 비슷한 용법을 가지는 경우도 다수 발견된다. 그러나 대체로 격식체에는 'will'이 'be going to' 보다 많이 사용되고, 반대로 비격식체에는 'be going to'가 'will'보다 많이 사용된다. 실제로 COCA 통계에 의하면 이러한 사실을 숫자로 뒷받침하고 있다. 우선 'be going to'의 경우에 격식체인 신문사설과 주로 비격식체 언어인 영화를 비교해 보면 약 3:1로 영화에서 'be going to'의 빈도수가 앞서고 있다. 반면에 'will'은 4:1로 신문사설에서 빈도수가 영화를 앞서고 있다. 특히 COHA에서 1800년데 초기 이후에 'be going to'와 will의 빈도수 변화 추이를 비교하면 흥미로운 사실을 알 수 있다. 'be going to'는 1800년대 초기 이후에 빈도수가 급격하게 증가하여 1900년대 초기의 상태를 현재까지 유지하고 있는 반면에 'will'의 사용은 1800년대 이후에 점진적으로 감소하여 현재는 1800년대 초기의 빈도수의 반도 안 되는 상황이다. 이것은 아마도 'will'의 용법을 'be going to'가 점진적으로 대체한 결과가 아닌가 추측할 수 있다.

8.5 현재진행과 'be going to'

'be going to'와 현재진행은 미래를 나타낼 때 각각의 용법에서 차이를 발견하기 쉽지 않다. 그럼에도 양자의 차이를 찾자면 현재진행은 발화시 미래의 계획이나 준비가 이미 끝난 상태이기 때문에 의도하는 미래의 상황을 바꾸기가 상대적으로 쉽지 않다는 것이다. 다음 예를 본다:

a. Excuse me, I'm going to leave now.
b. Excuse me, I'm leaving now.

위에서 a는 이제 가겠다는 (사전의) 의도를 나타내면서 상대방에게 양해를 구한다. b 역시 비슷한 의미로 양해를 구하고 있지만 떠나는 배경엔 이미 구체적인 계획이 있거나 혹은 준비가 되어 있는, 예를 들면 이미 구입한 차표 시간 등의 피치 못할 사정이 있는 느낌을 전달하고 있다. 그래서 세부적인 의미에서 a보다 b가 상대방에게 보다 적극적으로 떠날 수밖에 없다는 뉘앙스를 전달하고 있다. 관련되는 예들이다(COCA):

He's coming back tomorrow. We're going to see you right here again tomorrow, Jamie.

So she's not leaving television entirely. She's going to host an evening program ….

I'm not joining him. I'm going to stay here and then … we'll see.

He ain't giving in. He is going to hang tough. He's going to stay firmly ….

그러나 다음과 같은 예에서는 어떠한 차이도 인지하기 힘들다(COCA):

The Indians are sending some troops, the Egyptians are going to send some troops. I think it's a mixed bag.

The entire world is going to end. We are coming up on the Sumerian apocalypse ….

Now you're going to get what's coming to you. I'm going to tell the audience what's coming up on Monday.

I have equal concerns about what's going to happen this winter and coming out of the winter ….

위와 같이 상반된 예들에서, 'be going to'와 현재진행의 차이는 원칙적으로 존재하지만 경우에 따라서 화자가 별 차이 없이 양자를 사용하는 경우도 다수 있다는 것을 확인할 수 있다.

09 상동사(aspectual verbs)

영어에서 'begin', 'continue', 'cease' 등의 동사 다음에 'to V' 혹은 'V-ing'가 와서 상적의 의미를 나타낼 수 있는 표현 방법이 있다. 다음을 본다:

    a. He began {to write/writing}.
    b. He continued {to write/writing}.
    c. He ceased {to write/writing}.

위에서 a는 쓰는 상황의 시작, b는 계속, 그리고 c는 종결을 나타낸다. 이처럼 화자는 상동사를 사용하면 상황의 전체 중에 특정 부분에 초점을 맞추어 나타낼 수 있다. 영어에서 단순상은 상황의 전체를 나타내고 진행상은 상황의 중간을 나타내는 것처럼, 상동사 역시 상황의 특정 부분을 나타낸다는 점에서 상의 표현 중의 하나로 인정할 수 있다.

    a의 'begin'과 c의 'cease'는 순간동사로 내적 시간구조를 갖지 못하므로 완전상 혹은 불완전상이 될 수 없으며, b의 'continue'는 상황의 일부를 보는 불완전상의 일종으로 볼 수 있다. 그래서 a와 c는 별도의 상의 범주로 다루어야 하고 b는 불완전상의 일종으로 다룰 수 있지만 이들 동사는 여러 특징을 공유하고 있기 때문에 '상동사'의 범주에서 같이 다루기로 한다.

9.1 상동사의 종류

영어에는 3가지 종류의 상동사를 생각해 볼 수 있다. 우선 상황의 시작을 나타내는 시동상(ingressive aspect)의 상동사가 있고, 다음에 상황의 계속을 나타내는 계속상(continuative aspect)의 상동사, 그리고 상황의 정지를 나타내는 종동상(egressive aspect)의 상동사가 있다. 다음은 Brinton (1988:61)이 분류한 영어의 상동사다:

Ⓐ 시동상동사:

begin to V, V-ing; start to V, V-ing; commence to V, V-ing, proceed to V, V-ing; grow to V, fall to V, V-ing; go to V, to V-ing; set (about/in) to V, off/about V-ing; break out V-ing; burst out V-ing; resume V-ing; recommence V-ing; get to V, V-ing; come on to V 등이 있다.

Ⓑ 계속상동사:

continue to V, V-ing; keep (on) V-ing; go on V-ing, remain V-ing; persist in V-ing; lie V-ing; sit V-ing; stay V-ing 등이 있다.

Ⓒ 종동상동사:

cease to V, V-ing; finish V-ing; quit V-ing; stop V-ing; desist (from) V-ing; cut out V-ing; lay off V-ing; break off V-ing; knock off V-ing; give up/over V-ing; chuck V-ing; discontinue V-ing; complete V-ing 등이 있다.

상동사는 다음에 'to V'와 'V-ing'가 따를 때 각각 조금씩 의미가 달라지고 또한 동사의 어상에 따라 상적인 의미가 변할 수 있다.

9.2 상동사의 문법 범주

영어의 상동사가 상을 나타내는 문법적 표현으로 확실한 위치를 갖기 위해서는 단순히 어휘적 의미를 나타내는 어휘동사(lexical verbs)와 구별되는 문법적 기능을 가지는 동사인 것을 확인하는 것이 필요하다. 지금부터 영어의 상동사가 조동사와 본동사(main verbs) 중 어느 범주에 속하는지 분석해 보기로 한다.

1) 통사적 특징

상동사는 소위 NICE 테스트에 의하면 조동사의 범주에 속하지 않는 것을 알 수 있다. 여기서 NICE란 부정(negation), 도치(inversion), 코드(code), 강조 어법(emphatic affirmation)에서 첫 자를 모아서 만든 약성어(acronym)이다.

Ⓐ 부정(negation):

다음 예를 본다:

> a. I can't do it
> b. You don't take it. (*You take not it.)
> c. He didn't begin to do it. (*He began not to do it.)

위에서 a의 조동사 'can'은 자체의 부정형(negation form)인 'cannot'(혹은

can't)을 가지고 있고 b에서 본동사인 'take'의 부정은 'don't'를 사용한다. c
에서 상동사 'begin'의 부정형은 b의 본동사 'take'처럼 'don't'를 사용한다.
이처럼 부정에서 상동사는 본동사와 동일한 통사적 특징을 보이고 있다.

Ⓑ 도치(inversion):

다음 예를 본다:

    a. Have you been there?
    b. Did you go there? (*Went you there?)
    c. Did he stop reading? (*Stopped he reading?)

위의 a에서 현재완료 조동사 'have'가 도치되어 의문문을 만들었다. b에서
본동사 'go'는 'do'를 사용하여 의문문을 만들고 마찬가지로 c에서 상동사
'stop' 역시 'do'를 사용하여 의문문을 만들었다. 도치에서 역시 상동사는
본동사와 동일한 통사적 특징을 보인다.

Ⓒ 코드(code):

다음 예를 본다:

    a. You must go and so must he.
    b. We loved her and so did they.
    c. I continue to do it and so does he.

위에서 a의 'and' 다음 절에서 반복을 피하기 위하여 'must go' 대신에
'must'를 사용하고 있다. 그러나 b에서 'and' 다음에 반복을 피하기 위하여

본동사가 있는 "loved her" 대신에 'did'를 사용하고 있으며, c에서 역시 반복을 피하기 위해 "continues to do it"라고 하는 대신에 "does"를 사용하고 있다. 코드에서 역시 상동사는 본동사와 동일한 통사적 특징을 나타낸다.

ⓓ 강조 어법(emphatic affirmation):

다음 예를 본다:

    a. I cán do it. (You are wrong to think I cannot.)
    b. We díd find it. (You thought we did not.)
    c. We díd finish writing it.

의심스러운 내용을 확인하거나 부정적인 생각을 부인할 때 사용하는 강조어법에서 조동사와 본동사의 차이를 보여준다. 위에서 a의 "can"은 강조어법을 사용해 강세를 둘 수 있지만 b에서 본동사인 "find"를 강조하려면 'do'동사를 사용해 강세를 둔다. c에서 상동사는 본동사처럼 강조를 하기 위해서 'do'를 사용한다.

    이상에서 상동사는 NICE 테스트를 통한 통사적 관점에서 보면 조동사가 아닌 본동사의 범주에 들어간다는 것을 알 수 있다.

2) 의미론적 특징

상동사는 의미적인 면에서 일반적인 본동사와 분명한 차이를 보이면서 조동사에 가까운 특징을 나타낸다.

Ⓐ 능동에서 수동 전환:

다음 예를 본다:

a. They searched the room for the book.

⇒ The room was searched for the book.

b. They will search the room for the book.

⇒ The room will be searched for the book.

c. They began to search the room for the book.

⇒ The room began to be searched for the book.

위에서 a의 본동사 "searched"는 수동화가 되어 "was searched"가 되었지만 b에서 조동사 "will"은 수동화가 안되고 다음에 오는 "search"가 "be searched"가 된다. c에서 상동사 "began to"는 b의 "will"처럼 수동화가 되지 않고 다음에 오는 동사 "search"가 "be searched"가 된다. 이것은 상동사 "began to"가 의미적으로 하나의 구조를 형성하여 조동사와 비슷한 기능을 갖는다는 것을 의미한다.

Ⓑ 의미자질:

다음 예를 본다:

a. He ordered them to look at it.

b. *He ordered them to see it.

c. He ordered them to begin to look at it.

d. *He ordered them to begin to see it.

위에서 a의 "ordered"는 동작주가 필요한 동사이고 다음에 나오는 동사 "look at" 역시 동작주에 의한 행동을 나타낸다. b에서 "ordered" 다음에 오는 동사 "see"는 비동작주를 가지는 동사로 두동사가 서로 의미 자질이 일치하지 않으므로 b는 적절한 문장이 될 수 없다. c에서 "ordered"의 동작주 자질은 "begin to"를 건너뛰어서 "look at"과 일치하고 있다. 여기서 상동사는 본동사와는 달리 주절 동사와 의미 자질을 공유하지 않고 다음에 오는 동사로 넘기고 있다는 사실을 알 수 있다. d에서 "ordered"와 동사 "see"의 의미 자질이 일치하지 않으므로 적절한 문장이 되지 못한다. 이처럼 상동사가 주절 동사의 의미 자질을 공유하지 않는 것은 상동사가 단순히 어휘적 의미를 갖는 동사가 아니라 조동사처럼 문장에서 일정한 문법적 기능을 갖는 동사이기 때문으로 해석할 수 있다.

ⓒ 시 제:

다음 예를 본다:

  a. He was typing at midnight.
  b. He finished typing at midnight.
  c. He intended to type tomorrow.

위에서 a의 "at midnight"은 시점을 나타내는 부사로 과거시제 "was"가 지시하는 시간이다. b에서 역시 "at midnight"은 상동사 'finished'와 동일한 시간을 나타낸다. a와 b에서 각각 과거진행형의 "was"와 상동사 "finished"는 "typing"의 시간과 분리되어 생각할 수 없는 동일한 시간 구조를 형성하고 있다. 그러나 c에서 주절의 본동사 "intended"와 "to type"는 각각 과거와 미래의 별도의 시간 구조를 형성하고 있다. 여기에서 상동사 'finish'와 조동사 'be'의 유사성과 그리고 상동사와 본동사의 차이점을 확인 할 수 있다.

　이상에서 상동사는 통사론적 관점에서 조동사의 범주에 들어가지 못하지만 의미론적으로 본동사와 다르게 다음에 오는 'to V' 혹은 'V-ing'와 하나의 의미적 구조를 형성하여 조동사와 유사한 기능을 가지는 것을 확인하였다.

9.3 상동사의 용법

상동사는 다음에 연결되는 동사의 어상에 따라 용법이 달라질 수 있다. 또한 진행상 혹은 완료상과 결합하여 새로운 상적 의미를 만들어 내고, 연결되는 'to V' 혹은 'V-ing'에 따라 각각 다른 의미를 나타낸다. 이러한 현상은 상동사가 다른 상들과 마찬가지로 상과 어상의 결합, 상과 상의 결합이라는 현상을 공유한다는 것을 말하며 또한 상동사를 단순히 어휘동사가 아닌 상의 문법기능을 갖는 범주로 다루어야 한다는 증거가 될 수 있다.

1) 시동상(ingressive aspect)

상황의 시작을 지시하는 시동상의 상동사에는 여러 동사가 있지만 여기서는 빈도수가 가장 높은 'begin'과 'start' 2개의 동사에 대해 기술하기로 한다.

Ⓐ 정태동사:

'start'와 'begin'은 다음에 빈도수가 상대적으로 적기는 하지만 정태동사가 올 수 있다. 이때 정태동사는 주로 'to V'의 형태를 지니게 된다. 다음 예를 본다:

  a. She started to feel a little worried.
  b. They began to think something was wrong.

위에서 a와 b는 각각 시동상동사 'start'와 'begin'을 사용해 정태상황의 시

작을 나타내고 있다. 유사한 예들이다(COCA):

> ⋯ the church's smile begins to resemble a grimace.
> I began to live in his eyes, to live through them.
> They're at an age where they can start to understand.
> ⋯ we started to love each other again.
> She started to have these severe headaches.

'start'와 'begin' 다음에 빈도수는 많지 않지만 'V-ing'가 오는 예도 있는데 정태동사가 진행형이 되는 것처럼 원래 정태적 의미를 동태적 혹은 일시적 의미로 변질시키는 효과가 있다. 다음 예를 본다:

> a. The bucket started leaking.
> b. He began living like a hermit.

위에서 a의 "leaking"과 b의 "living"은 원래 정태에서 동태 쪽으로 의미가 변질된 느낌을 주고 있다. 유사한 예들이다(COCA):

> You can begin thinking God has a human heart.
> I started having my doubts.
> I started feeling sick on Thursday afternoon.
> We will soon begin seeing some different types ⋯.
> The girls began wearing heavy make-up and long sleeves.

Ⓑ 순간동사:

연속적인 반복을 나타낸다. 다음 예를 본다:

a. My heart began to beat.

b. The soldiers started firing.

위의 a와 b에서 각각 상동사 다음에 순간동사 'beat'와 'fire'가 와서 연속적 반복을 나타낸다. 순간동사의 'to V' 예들이다(COCA):

I started to laugh before I realized he was serious.

The snow starts to fall in big flakes.

A ball had started to roll and was picking up speed.

Mike's hands began to shake so much he couldn't lift his cup.

··· Mark turned red and began to cough and stammer.

순간동사의 'V-ing' 예들이다(COCA):

They just started shooting at anything that moved.

I started hitting him.

I started digging into the mud for a safe place ···.

Then the white kids began arriving for school.

After he and Orlando were seated, he began picking at his food ···.

ⓒ 성취동사:

자유롭게 사용할 수 있다. 다음 예를 본다:

a. She began writing the contract.

b. She started to make a salad.

위의 a와 b에서 상동사는 종점이 있는 성취 상황의 시작을 나타낸다. 다음은 성취동사의 'to V' 예들이다COCA):

He started to write a book about it.
The plane began to break up before impact.
The King smiles and begins to take off his shirt.
The train began to slow down.

다음은 성취동사의 'V-ing' 예들이다(COCA):

That's when I started reading the paper.
The important thing is to start building an exercise habit.
Or you can start singing that song to her.
They began planning their first vacation in years.

ⓓ 활동동사:

자유롭게 올수 있으며 연속적 혹은 반복적 상황의 시작을 나타낸다. 다음 예를 본다:

a. They started to walk.
b. She began writing songs.

위에서 a는 종점이 없는 동태상황, b는 반복적 동태 상황의 시작을 나타낸다. 다음은 활동동사의 'to V' 예들이다(COCA):

We then started to make some Mayday calls.

Then he began to move slowly toward her.

Then she started to cry.

A band began to play and people cheered.

He began to draw the monsters, the devil, and the wind.

다음은 활동동사의 'V-ing' 예들이다(COCA):

Kline started singing the Warrior's Anthem.

Roxanne started running for her bus.

Bieber began selling steroids, as well as using them.

I began working on farms ….

Ⓔ 도달동사:

원칙적으로 시동상동사 다음에 올 수 없지만, 상황의 반복을 나타낼 때는
예외적으로 허용이 된다. 다음 예를 본다:

a. *The train began to arrive at the station.

b. His expected guests started arriving.

위에서 a의 'arrive'는 순간동사이기 때문에 역시 순간동사인 'start' 혹은
'begin'과 결합할 수 없다. 그러나 b처럼 논항이 복수일 때, 그래서 'to V' 혹
은 'V-ing'의 상황이 반복을 나타내면 도달동사가 시동상동사 다음에 올 수
있다. 유사한 예들이다(COCA):

Blood begins to drop on the floor ….

And I began to receive e-mail messages from Violet.

By the 1980s, they began reaching the top.

Then they start to die.

She started stopping by his apartment ….

2) 종동상(egressive aspect)

상황의 종점을 나타내는 종동상동사에는 여러 동사가 있지만 여기서는 빈도수가 상대적으로 높은 5개 동사 'cease', 'quit', 'stop', 'finish', 'complete'를 다루기로 한다. 이중에 'cease', 'quit', 'stop' 3개의 상동사는 단순히 상황의 종료를 나타내지만 'finish'와 'complete' 2개 동사는 상황의 종료와 더불어 완성을 나타낸다는 점에서 전자와 후자의 그룹은 의미가 다른 2종류의 종동상동사로 구별할 수 있다. 전자의 그룹 중에 'cease'는 다음에 'to V' 혹은 'V-ing'가 올 수 있지만 빈도수에 있어 'to V'가 훨씬 앞선다. 나머지 4개의 동사는 모두 다음에 'V-ing'가 온다. 또한 5개 동사 중에 유일하게 'complete'는 성취동사인 반면 나머지 다른 동사는 모두 도달동사이다.

Ⓐ 정태동사:

'cease', 'quit', 'stop' 3개의 상동사와 결합할 수 있다. 다음 예를 본다:

　　a. Tom ceased {to be/being} a key player.
　　b. Tom {stopped/quit} being a key player.
　　c. *Tom {finished/completed} being a key player.

위의 a에서 'cease' 다음에 'to V' 혹은 'V-ing'가 나올 수 있고 모두 비슷한 의미를 나타내지만 빈도수에서 'to V'가 'V-ing'에 비해 압도적인 우위를 점한다. b에서 'stop'과 'quit'는 다음의 정태동사 "being"과 결합할 수 있고 이때 b는 a에 비해 의도적 행위의 의미가 부각된다. 코퍼스에서 전체적인 'stop'과 'quit'의 빈도수는 비슷하지만 b처럼 다음에 'V-ing'가 오는 경우에는 'stop'이 훨씬 높은 빈도수를 보인다. c에서 'finish'와 'complete' 다음에 정태동사 "being"이 올 수 없는 이유는 이들 동사가 상황의 완성을 나타내기 때문에 다음에 종점을 포함하는 유종상의 상황을 요구하기 때문이다. 다음은 정태동사와 종동상동사가 결합하는 예들이다(COCA):

> The moment she ceased to be a threat, she
> ceased to exist for him.
> You cease feeling like a blacksmith.
> Let's stop thinking about fear.
> He would never quit hoping.
> I quit meditating, I quit being a Buddhist.

Ⓑ 활동동사:

'stop', 'quit'와 자유롭게 결합할 수 있다. 다음 예를 본다:

> a. You're really being rude. Just {stop/quit} talking.
> b. They {stopped/quit} working too soon.
> c. She {finished/completed} filming last week.

위의 a에서 상동사 'stop'과 'quit'는 자연스럽게 활동동사와 결합하여 상황의 일시적인 중단을 의미한다. b에서 'stop'과 'quit'는 활동동사와 결합하고 이때 'stop'은 상황의 일시적인 중단, 'quit'는 영구적 중단을 나타내는 경우가 많다. c에서 "filming" 자체는 다음에 논항이 따르지 않기 때문에 무종상의 상황인 것 같지만 앞의 'finish'와 'complete'는 다음에 유종상의 상황을 요구하는 상동사이기 때문에 문맥상 유종상의 상황으로 해석할 수 있다. 다음은 종동상동사와 활동동사가 결합하는 예들이다(COCA):

I didn't stop doing drugs or drinking.
Stop trying and you'll die.
I quit smoking by using electronic cigarettes.
When the choir finished singing, they quietly went outside.
Researchers complete working drafts of the human genome.

Freed(1979:112-13)는 일반적으로 습관의 중단을 나타낼 때는 'stop'보다는 'quit'을 많이 사용한다고 주장했지만, 실제로 COCA에 나타난 예를 살펴보면 그 반대이거나 혹은 별다른 차이가 없다. 다음을 본다:

	quit	stop
drinking	173	335
smoking	508	391

위에서 사람들의 대표적 습관인 음주의 경우 'quit drinking'과 'stop drinking'의 빈도수는 대략 1:2로 오히려 'stop'의 빈도수가 훨씬 더 많고, 흡연은 'quit smoking'의 빈도수가 'stop smoking'의 빈도수 보다 많다. 한편 'cease'의 경우 일반적으로 다음에 'to V'를 사용하여 습관의 중단을 나타낸다. 다음은 종동상동사 다음에 습관을 나타내는 동사가 오는 예들이다(COCA):

Then we ceased to speak about multiculturalism in that way.
He ceased to write to his family ⋯.

Course now, white ladies stopped coming in here.

I'll stop playing basketball once I can't dominate.

In May I quit working at Danner's.

ⓒ 성취동사:

'stop'과 'quit' 다음에 오면 종점에 이르지 못한 채 상황이 종료된 것을, 'finish'와 'complete' 다음에 오면 상황의 종점에 이르렀다는 것을 나타낸다. 다음 예를 본다:

  a. He {stopped/quit} drawing a picture.
  b. He {stopped/quit} drawing pictures.
  c. He {finished/completed} drawing a picture.
  d. He {finished/completed} drawing pictures.

위에서 "drawing a picture"는 유종상의 상황이지만 "drawing pictures"는 무종상의 연속적 상황을 나타낸다. a에서 'stop'과 'quit' 다음에 성취동사가 와서 상황이 중간에 종료된 것을 나타낸다. b에서 상동사 다음에 무종상의 연속적 상황을 나타내는 동사가 와서 연속적 상황의 중단을 나타낸다. c에서 상동사 다음에 성취동사가 와서 상황의 종점에 이른 것을 나타낸다. d에서 "drawing pictures" 자체는 무종상이지만 문맥상으로 유종상으로 해석하면, 예를 들면 2장 혹은 3장의 그림같이 특정 숫자를 나타내는 것으로 이해하면 유종상의 상황을 요구하는 'finish'와 'complete' 와 연결되어 적절한 의미를 전달할 수 있다. 다음은 'stop'과 'quit' 다음에 성취동사가 오는 예이다(COCA):

Sal did not stop eating his dinner.

So I stopped writing the novel and I wrote my autobiography
….

After that he couldn't stop building his body.

Mother quit picking up the phone.

… can I quit mowing the lawn here or what?

다음은 'finish'와 'complete' 다음에 성취동사가 오는 예이다(COCA):

Your father never finished making your lantern.

I finished cleaning my gun an hour ago.

Bert finally finished packing his pipe and struck a match
with his thumbnail.

Hasselhoff recently completed filming Avalanche, a TV
movie ….

He recently completed writing a book on ….

ⓓ 순간동사:

'complete'를 제외한 4개의 상동사 'stop', 'quit', 'cease', 'finish'는 모두 도달동사이다. 도달동사는 순간동사이기 때문에 시동상동사의 경우처럼 다음에 순간상의 동사가 오는 것을 허락하지 않는다. 'complete' 역시 다음에 성취동사를 요구하기 때문에 순간동사가 올 수 없다. 다음 예를 본다:

a. *Mary {stopped/quit/ceased (to)} catching (catch) a ball.

b. *Mary {finished/completed} catching a ball.

c. Mary {stopped/quit/ceased (to)} catching (catch) balls.

d. ?Mary {finished/completed} catching balls.

위의 a에서 "catching a ball"은 순간적인 상황을 나타내기 때문에 역시 순간동사인 'stop', 'quit', 'cease'와 결합할 수 없다. b에서 'finish'와 'complete'는 다음에 성취동사가 와야 하는데 도달동사가 와서 적절한 의미를 전달할 수 가 없다. c에서 "catching balls"는 반복적 상황이고 앞의 상동사와 결합하여 반복적 상황의 중단을 나타낸다. 그러나 d에서 적절한 문맥이 없다면, 예를 들면 '정해진 시간이 있는 활동'같은 의미로 해석하지 않으면 'finish', 와 'complete' 다음에 무종상의 상황인 "catching balls"가 올수 없다.

3) 계속상(continuative aspect)

영어에서 상황의 계속을 나타내는 계속상동사는 여러 동사가 있으나 이중에서 빈도수가 높은 'continue {to V/ V-ing}'와 '{keep (on)/ go on/ remain} V-ing'에 대해 기술하기로 한다.

Ⓐ 정태동사:

'continue'와 'keep (on)', 'remain'과 결합할 수 있다. 다음은 'continue'와 정태동사가 결합하는 예이다:

    a. They continue to exist.
    b. *He continues having big hands.
    c. He continued having love affairs.

위의 a에서 보는 것처럼 상동사 'continue'는 다음에 'to V'의 형태인 정태동사와 결합하여 상황의 계속을 나타낸다. b에서 보듯이 'continue'는 정태동사의 'V-ing'와 결합할 수 없는 것을 알 수 있는데, 이것은 정태동사가

진행상이 되지 못하는 이유와 비슷한 이치이다. 그러나 c에서 보듯이 정태
동사가 문맥상 동태상황을 나타낸다면 'continue' 다음에 'V-ing'가 올 수
있다. 다음 예는 'continue' 다음에 정태동사가 오는 예들이다(COCA):

> He shrugs and continues to feel happy.
> The water continues to remain high ….
> I continue to sit on a bench outside the restaurant ….
> Yet you continue to believe in evolution?
> I continue to feel that way.

'continue'와 달리 'keep (on)'은 정태 상황과 결합할 때 제약이 있다. 다
음 예를 본다:

> a. *He keeps being tall.
> b. He keeps (on) loving her.
> c. He keeps (on) being very strong.

위의 a를 진행상으로 바꾸어, "He is being tall."로 해도 역시 적절한 문장
이 못된다. b와 c는 진행상으로 하면 각각 "He is loving her.", "He is
being very strong."가 되어 빈도수가 크지는 않지만 가능한 문장이 될 수
있다. 그렇다면 'keep (on)' 다음에 올 수 있는 정태 상황의 기준은 동태적
의미의 해석이 가능한가에 달려 있다고 보면 될 것 같다. 예를 들면 a는 신
체의 특징으로 평생 변하지 않는 정태 상황이다. 그러나 b와 c는 마음의 상
태이므로 상황에 따라 수시로 변할 수 있는 잠재적 동태적 요소가 내포되
어 있다. 다음은 'keep (on)'과 정태동사가 결합하는 예이다(COCA):

What's crazed glass? I keep hearing this phrase.

She keeps hoping and losing.

I just keep feeling pain in my heart ···.

Till then, we'll just keep on hoping.

Now, think I'll just keep on being a good person raising good children.

흔히 'remain'은 다음에 'stand', 'sit', 'lie' 등 자세동사(stance verbs)의 'V-ing'와 결합한다(COCA):

I remained standing where I was.

I remained sitting at the table.

··· everyone remained kneeling.

Mr. Smith remained lying on the bed ···.

She remained leaning against him, her body tense and trembling.

He remained facing me, his vivid gaze shifting to the ground.

Ⓑ 활동동사:

'continue'와 'keep (on)'은 활동동사와 자유롭게 결합할 수 있다. 다음 예를 본다:

a. She continued {to work/working}.

b. I just keep (on) going.

위에서 a는 'continue' 다음에 활동을 나타내는 'to V' 혹은 'V-ing'가 올 수 있다는 것을 보여준다. b에서 역시 'keep (on)' 다음에 활동을 나타내는 'V-ing'가 와서 상황의 계속을 나타낸다. 다음은 계속상동사와 활동동사가 결합하는 예들이다(COCA):

> The city continued to grow in the 1990s ….
> Continue cooking until rice is tender ….
> She just kept saying that over and over and over.
> The water kept on running.
> She went on talking, crying, and sobbing.

ⓒ 반복적 활동:

'continue'와 'keep'은 다음에 반복적 활동을 나타내는 'to V' 혹은 'V-ing'와 결합할 때 각각 의미가 약간 차이가 날 수 있다. 다음 예를 본다:

> a. The light continued {to blink/blinking}.
> b. The dog kept (on) bouncing up and down.

위의 a에서 'to blink'와 'blinking'의 차이가 있다면 반복하는 방식이다. 전자는 문맥에 따라서 서로 다른 시간에 불이 깜박거리는 것을, 후자는 일정한 시간 동안에 연속적으로 깜박거리는 것을 나타낼 수 있다. b에서 개가 연속적으로 펄쩍 펄쩍 뛰는 것을 나타낸다. 다음은 이와 비슷한 예들이다 (COCA):

> The unspoken warning continued flashing from his eyes.
> He continued to tap the chopsticks together slowly.
> She continues firing to let her friends get away.

He kept coughing into a grimy handkerchief.

She kept nodding, encouraging me.

ⓓ 성취동사:

'continue'와 'keep'은 다음에 성취동사가 왔을 때 의미적으로 서로 다른 결과를 보여준다. 다음 예를 본다:

    a. He continued {to write/writing} the letter.
    b. *He kept writing the letter.
    c. He {kept on/went on} writing the letter.

위의 a에서 'continue'는 다음에 성취동사와 결합하여 하나의 상황을 계속한다는 것을 나타내고 있다. a와 같은 표현을 사용하기 위해서는 이미 이전에 동일한 상황, 여기서는 '그 편지를 쓰고 있다'는 상황이 진행되고 있었다는 전제가 필요하다. b처럼 하나의 동일한 성취의 상황을 계속한다는 뜻으로 'keep V-ing'를 사용하지 않는데, 이것은 이전에 동일한 상황이 시작되었다는 전제가 없기 때문이다. b가 적절한 적절한 문장이 되기 위해서 'He kept writing the letters.'로 바꾸면 편지를 쓰는 행위의 반복을 나타내고 이때 계속 쓰는 편지는 매번 다른 편지가 되므로 동일한 상황의 계속이 아닌, 단지 편지를 쓰는 행위의 반복이 된다. 그러나 c에서 'keep on'과 'go on'은 'continue'처럼 이전에 동일한 상황의 시작이 전제되어야 하므로 적절한 문장이 될 수 있다. 다음은 이와 비슷한 예들이다(COCA):

    ··· I have continued to fulfill my obligation as Nancy's husband.

    He gave a small nod of his head and continued clearing up.

    The boy nodded and kept on drawing.

··· he went on painting the sky in vivid colors.

Ⓔ 반복적 성취:

유종상의 성취 상황이 부정의 반복이 되면 무종상의 활동과 유사한 상황이 된다. 'continue', 'keep (on)', 'go on'은 다음에 성취의 반복과 결합할 수 있다. 다음 예를 본다:

a. Jane continued {to make/making} films.
b. Jane {kept (on)/went on} making films.

위에서 상동사 다음에 오는 상황인 "to make films"는 논항인 'a film'이 복수가 된 것이고 성취 상황의 부정 반복을 나타낸다. 일반적으로 이와 같은 성취의 반복은 코퍼스에서 단일의 성취 상황 보다 훨씬 높은 빈도수를 보인다. 다음은 성취 상황의 논항이 부정의 복수가 되어 성취 상황의 반복을 나타내는 예들이다(COCA):

He continued to write poems.
The marketer continued sending bills for the amount.
Everyone kept asking me questions I couldn't answer.
Stevedores kept on carrying sacks of sugar ···.
So Shostakovich went on writing symphonies and, increasingly, quartets.

Ⓕ 도달동사:

원칙적으로 도달동사는 순간적이기 때문에 계속상동사와 함께 사용할 수 없으나 예외적으로 논항이 복수이거나 추상·물질명사일 때, 혹은 문맥상

으로 반복적 의미의 해석이 가능하면 허용이 된다. 다음 예를 본다:

- a. *The train continued {to arrive/arriving}.
- b. *The train kept arriving at the station.
- c. The trains continued {to arrive/arriving}.
- d. The trains kept arriving.
- e. The speed continued {to drop/dropping}.

위의 a와 b에서 계속상동사 다음에 도달을 나타내는 동사 'to arrive'가 오지 못하는 것을 보여준다. 그러나 c와 d처럼 논항이 복수이거나 e처럼 추상명사 혹은 물질명사이면 도달 상황의 반복을 나타낼 수 있다. 다음은 이와 비슷한 예들이다(COCA):

I kept receiving messages addressed to my former self.
Americans continue to die, 40 died in October.
He then reloaded and then continued shooting.
But he kept closing one eye, then the other.

ⓖ 습관의 계속:

'keep (on)'과 'continue'를 모두 사용할 수 있다. 다음 예를 본다:

- a. He continued {to drink/drinking}.
- b. He kept (on) drinking.

위에서 a와 b 모두 대표적인 습관의 하나인 음주 행위를 나타내기 위해 계속상동사 'continue'와 'keep (on)'을 사용하고 있다. 다음은 이와 비슷한

예들이다(COCA):

> These days Wilson and Gaugh ⋯ continue smoking well
> into the night.
> People will continue to smoke no matter what ⋯.
> You'll die if you keep smoking those in your condition.
> I want them to continue to go to church ⋯.
> We just kept working. We just kept running.

9.4 진행상

상동사는 단순상, 진행상, 완료상, 미래상 등 다른 문법상과 결합하면 각각
의 문법상과 상동사의 의미가 더해진 의미로 나타난다. 다음 예를 본다:

> a. He began {to work/working} for me.
> b. He was beginning {to work/*working} for me.
> c. He has begun {to work/working} for me.
> d. He is going to begin {to work/working} for me.

위에서 a, c, d에서 보듯이 단순상, 완료상, 미래상은 상동사와 다음에 'to
V'와 'V-ing' 중에 어떤 형태가 오든지 자유롭게 결합할 수 있다. 그러나 b
에서 진행상의 상동사 다음에 "to work"는 올 수 있지만 "working"은 올 수
없다는 것을 알 수 있다.

1) 각 상동사 별로 진행상의 가능여부와 다음에 'to V' 혹은 'V-ing'를 선택

하는 현상에 대해 알아보기로 한다:

Ⓐ 시동상동사:

진행상의 시동상동사 'begin', 'start'는 다음에 'to V'가 오는 것이 원칙이고 'V-ing'가 오는 예는 전혀 없는 것은 아니지만 'to V'에 비하면 무시할 정도의 적은 빈도수이다. 구체적으로 COCA에서 'begin'과 'start'의 진행상 다음에 'V-ing'가 오는 빈도수는 각각 2개와 1개 이고, BNC에서 각각 1개와 7개로 'to V'에 비하면 무의미한 정도의 미미한 숫자이다. 다음은 'begin'과 'start'의 진행상 다음에 'to V'가 오는 예를 빈도수가 높은 동사의 순서대로 인용한 것이다(COCA):

> I was beginning to feel lightheaded.
> We are beginning to see a small difference.
> I was beginning to think you were avoiding me.
> We're starting to see results.
> I was starting to get the picture.

Ⓑ 계속상동사:

진행상의 상동사 'continue'는 다음에 'to V'를 사용하는 것이 원칙이고 다음에 'V-ing'가 오는 경우를 보면 COCA에서 단 한 개, BNC에서 전혀 없다. 상동사 'keep'의 경우는 진행상이 되는 경우는 COCA에서 6개, BNC에서 단 1개의 예를 발견할 수 있을 뿐이다. 진행상의 'continue' 다음에 'to-부정사'가 올 때 빈도수가 높은 동사의 예들이다(COCA):

> The company is continuing to grow.

They're continuing to work today.

We are continuing to make progress.

They clearly are continuing to develop nuclear capability.

We are continuing to investigate every possible direction.

ⓒ 종동상동사:

COCA에서 동사 'cease'가 진행상인 예는 모두 20개에 불과하며 이중에 상동사로 사용하는 예는 8건에 불과하다. 따라서 일반적으로 상동사 'cease'의 경우 진행상으로 사용되지 않는다고 보는 것이 적절하다. 동사 'stop'의 진행상은 흔히 볼 수 있지만 진행상의 상동사는 5건으로 COCA에서 확인되었다. 따라서 상동사 'stop'의 진행상 역시 사용하지 않는 것이 원칙이라고 할 수 있다. 동사 'finish'의 진행상도 흔하게 볼 수 있지만 이중에 상동사 'finish'의 진행상은 12개로 동사 'finish' 전체의 진행상에 비하면 미미하다. 따라서 상동사 'finish' 역시 진행상으로는 사용하지 것이 원칙이라고 말할 수 있다. 마지막으로 동사 'quit' 역시 진행상으로 사용되는 예는 어렵지 않게 발견할 수 있지만 이중에 상동사의 진행상은 단 1개에 그쳤다. 결국 종동상동사 cease, stop, finish, quit 모두 진행상으로 사용하는 것은 적절치 못한 표현이라고 할 수 있다.

2) 지금까지 관찰에서 알 수 있듯이 상동사는 진행상과 관련하여 공통적인 현상을 보여준다. 진행상의 상동사 다음에는 'V-ing'가 오기 어렵다는 것이다. 이러한 현상에 대해 여러 학자들이 통사론, 음운론, 혹은 의미론적으로 접근하여 여러 이론을 제시했는데 여기서는 의미론적인 관점에서 살펴보기로 한다. 다음은 Palmer(1987:176)가 제시한 예다:

a. He started to speak, but was soon interrupted.

b. He started speaking, and kept on for hours.

위에서 a는 말을 시작하려 했으나 시작도 못하고 중단되었다는 뜻이고, b
는 말을 시작해서 여러 시간 계속했다는 의미이다. Palmer는 위의 a와 b에
서 각각 'to V'와 'V-ing'는 상의 차이를 나타낸다고 기술한 다음에 'V-ing'는
진행상의 의미를 나타낸다고 했지만 'to V'의 상에 대해서는 별도로 언급
하지 않았다. 그러나 문맥상으로 유추해 본다면 Palmer가 위의 a와 b에서
상의 차이라고 한 것은 단순상과 진행상의 차이를 의도한 것으로 생각할
수 있다. 그렇다면 a에서 단순상인 "to speak"는 완전상의 일종이기 때문
에 상황의 처음과 끝을 포함하는 전체를 나타내고, 또한 "started to speak"
는 아직 상황이 진행되기 이전을 가리키고, 따라서 a와 같은 문장이 가능
해진다. b에서 진행상인 "speaking"은 불완전상의 일종이기 때문에 상황
의 일부, 여기서는 처음과 끝을 제외한 진행 상황을 나타내므로 b와 같은
문장이 가능하다. 비슷한 다른 예를 본다:

a. He started to speak, but changed his mind.
b. ?He started speaking, but changed his mind.

위의 a에서 주어는 말을 시작하려다 마음을 바꾸어 말을 안했다는 뜻이다.
그러나 b에서 주어는 이미 말을 시작한 것이므로 전체적인 문장은 이상한
의미가 된다. 위의 a와 b 역시 단순상과 진행상의 차이를 확인해주고 있다.

상동사 다음에 오는 'to V'와 'V-ing'를 각각 단순상과 진행상으로 본다
면 진행상의 상동사 다음에 'V-ing'가 오는 것을 기피하는 이유를 복잡하지
않게 설명할 수 있을 것 같다. 진행상과 진행상이 연속적으로 오면서 생기
는 불필요한 의미의 중복을 막자는 것인데, 언어를 경제적으로 사용하고
자 하는 인간의 매우 자연스러운 심리일 것이다. 다음 예를 본다:

a. *?He is beginning seeing the truth.

b. *?He is continuing working on it.

c. *?He is finishing writing it.

위에서 계속상동사 'continue'를 제외하고 begin과 finish는 모두 순간동사로 도달동사이다. 도달동사가 진행상이 되면 종점을 향해 진행하는 과정을 나타내므로 위에서 a의 "is beginning"과 c의 "is finishing"은 본래 진행상의 의미가 아닌 미래를 나타낸다. 그래서 a와 c의 상동사 진행상과 다음에 오는 'V-ing'는 사실상 진행상 의미의 중복이 아니다. 그렇다면 위에서 말한 진행상 의미의 중복을 피하려는 의도가 여기에는 해당이 되지 않는 것 같다. 그러나 여기서 인간의 언어 사용의 착각에 대해 생각해 볼 필요가 있다. 위의 a와 c에서 진행상의 상동사는 본래의 진행상의 의미는 아니지만 사람들이 습관적으로 사용해온 진행상의 의미를 잘못 적용하고 다음에 오는 'V-ing'와 중복을 피하려고 하는 착각을 범하고 있을 수 있다. 인간이 항상 논리적으로 언어를 사용하고 있지 않다는 것은 잘 알려진 사실이다. "사람들은 단순히 'V-ing'가 연속하는 것에 제한을 둔다"는 Palmer(1987:177)의 말과 비슷한 맥락이라고 생각할 수 있다.

10 구동사(phrasal verbs)

영어의 구동사는, 'drink up', 'find out', 'call off' 등 처럼 동사와 첨사 (particle)의 결합으로 이루어져 있고, 첨사는 부사의 기능을 가지고 있지 만 다른 종류의 부사와 분명히 구별되는 통사적 특징을 가진다(Palmer 1987, 222-4). 구동사의 정확한 정의에 대해서는 통사론적 혹은 의미론적 으로 많은 학자들의 이론이 있지만 여기서는 구동사 논의의 핵심이 되는 첨사의 의미를 상과 관련하여 기술해 보기로 한다.

10.1 첨사의 종류

Brinton(1988:167)은 광범위하게 기존 학자들이 제시한 구동사의 첨사들 을 상적 의미와 관련하여 조사하고 일목요연하게 정리했는데 여기에 그 중의 일부를 인용해 보기로 한다:

up:
Poutsma(1926:296, 300-1), ingressive aspect, e.g. look up (to), stand up, sit up
Bolinger(1971:99-100), perfective in the sense of completion or

inception, e.g. let up, give up, take up

down:
Poutsma(1926:296), ingressive aspect, e.g. lie down, sit down, stand down
Curme(1931:379,381), ingressive aspect, e.g. sit down, quiet down

out:
Fraser(1976:6), completive sense, e.g. die out, fade out, spread out

off:
Live(1965:436), terminative slant, e.g. pay off, write off, sleep off

through:
Poutsma(1926:301), terminative aspect, e.g. bear through, carry through, read through
Curme(1931:381), effective aspect, e.g. put through
durative effective aspect, e.g. bear through

away:
Live(1965:437), iterative or the durative, e.g. hammer away, eat away (at), bang away
inchoative in imperatives, e.g. fire away! talk away! sing away!
Bolinger(1971:103-4), either iterative or inceptive, e.g. sing

away, work away, chop away (at)

on:
Poutsma(1926:307), continuative aspect with durative verbs,
e.g. live on, sit on
Curme(1931:377), durative aspect, e.g. sit on, go on (and on)

over:
Curme(1931:381), effective aspect, e.g. put over

in:
Curme(1931:379), the beginning of a prolonged activity, e.g.
pitch in, light in, sail in

위에서 보는 것처럼 구동사의 첨사는 이미 많은 학자들이 상과 관련하여 논의가 되었고 또한 구동사는 첨사에 따라 고유의 상적 의미를 가지는 것으로 확인되었다. 그러나 Brinton(1988:167)이 지적한 것처럼 기존의 학자들이 제시한 첨사의 상적 의미가 상과 어상과 관련하여 구분이 안 되어 있고 따라서 용어의 개념이 혼동되어 있다. 예를 들면 위에서 Poutsma는 첨사 'up', 'down'은 시동상을, 'on'은 계속상을 나타낸다고 하면서 동일한 상이란 용어를 사용하고 있으나 실제로 이들의 상적의미는 서로 종류가 다른 것이다(10.6 참조).

10.2 첨사의 상적 의미

구동사의 첨사가 나타내는 상적 의미가 상인지 혹은 어상인지 구별하는 것이 선행되어야 첨사의 의미 해석을 상과 관련하여 논의를 계속하는 것이 가능하다. 다음 예를 본다:

    a. He drank up.
    b. He was drinking up.

위에서 a의 구동사 'drink up'은 활동동사 'drink'와 첨사 'up'이 결합되어 '다 마시다'라는 의미를 나타낸다. 'drink' 자체는 무종상의 활동동사인데 첨사 'up'이 결합하여 구동사 'drink up'의 의미는 유종상의 성취동사가 되었다. 우선 여기서 생각해 볼 수 있는 것은 첨사 'up'이 더해져 무종상의 동사인 'drink'가 유종상의 구동사가 되었기 때문에 'up'이 완전상의 기능을 가질 수 있다는 생각을 할 수 있다.

    그러나 위의 a와 b를 비교하면 그렇지 않다는 것을 쉽게 알 수 있다. a에서 화자는 상황을 전체적으로 즉, 마시는 행위의 시작에서 끝을 모두 포함하는 전체를 하나로 나타내었다. 반면에 b에서 화자는 상황의 처음과 끝을 제외한 중간을 나타낸다. 이러한 차이가 생기는 것은 a와 b에서 각각 단순상과 진행상을 사용했기 때문이다. a의 단순상은 완전상의 일종이고 첨사 'up'과는 관계가 없다. a의 구동사에서 첨사 'up'이 없는 'He drank.'도 역시 완전상이다. 다시 말해서 활동동사 'drink'가 성취동사 'drink up'으로 되는 것은 상의 변화가 아니고 단지 활동동사에서 성취동사로 바뀌는 어상의 변화이다. 'drink up'에서 첨사 'up'이 완전상의 표현이 아니라는 것은 b에서도 확인할 수 있다. b의 "was drinking up"에서 진행상은 불완전상의 일종인데 만약 'up'이 완전상이라면 문장 하나에 의미상으로 상반되

는 완전상과 불완전상이 공존하게 됨으로 논리에 어긋나는 표현이다. 다음 예를 본다:

  a. The hunters started to dig out the fox.
  b. They stopped digging out the fox.

위의 a와 b에서 각각 시동상동사 'start to'와 종동상동사 'stop V-ing'를 사용하여 다음에 구동사 'dig out'과 결합하고 있다. 'dig out'은 계속동사 'dig'와 첨사 'out'이 결합한 구동사로 유종상의 의미를 나타낸다. 여기서 'out'이 완전상이라면 a에서 시동상과 완전상이, b에서 종동상과 완전상의 2개의 상이 공존하게 되므로 이 역시 의미상으로 설명할 수 없는 문장이 된다. 이러한 사실은 구동사의 첨사는 완전상이 아니고 어상의 표현이라는 것을 말해주고 있다. 다음은 구동사와 진행상 혹은 상동사가 결합하는 예들이다:

The damage has been building up slowly, unnoticed over time.
… the car just started to slow down all by itself.
The rain continues to hammer down.
I never stopped working out.
I was dozing off, and I had chills.
The crowd started to cry him down.
The migraine was hammering away inside my head ….

10.3 유종상과 무종상

구동사에서 첨사는 무종상의 활동동사에 종점의 의미를 부여하여 구동사 전체의 의미를 유종상의 어상으로 변하게 하는 기능을 갖는다. 무종상의 상황과 유종상의 상황은 동일한 상황을 진행상과 완료상으로 비교하면 구별할 수 있다. 하나의 상황이 진행상으로 되었을 때 사실이고 또한 그의 완료상 역시 사실이면 그 상황은 무종상의 상황이고, 진행상의 상황이 사실이고 완료상의 상황이 사실이 아니면 유종상의 상황이다(Comrie:44-5). 다음 예를 본다:

    a. She is singing.
    b. She has sung.
    c. He is singing a song.
    d. He has sung a song.

위의 a에서 곡의 수에 관계없이 노래 부르는 행위 자체를 나타내는 활동동사 'sing'이 진행상이고, b에서 동일한 동사가 완료상이 되었는데 a가 사실이면 b도 사실이다. c에서 성취동사인 'sing a song'은 진행상이고 d에서 동일한 동사가 완료상이 되었는데 c가 사실이면 d는 사실이 아니다. 이와 같이 동일한 상황의 진행상과 완료상을 비교하면 비교적 쉽게 유종상의 상황과 무종상의 상황을 판별할 수 있다.

1) 무종상의 동사를 유종상의 동사로 변화시키는 첨사 중에 빈도수가 높은 순서대로, 'up', 'down', 'out', 'off'이 있고, 다음에 'through', 'over', 'away'는 비교적 빈도수가 낮다. 이러한 첨사들은 공통적으로 상황의 종점을 지시하고 있지만 지시하는 방식에서 크게 두 가지로 구별할 수 있다.

Ⓐ 분명한 종점 :

상황의 종점을 객관적으로 분명하게 지시하는 첨사들이 있다. 다음 예를
본다.

 a. I drank up and set the mug back on the table.
 b. Johnson sat down in a chair.

위에서 구동사들은 종점이 분명하다. a에서 'drink up'의 종점은 잔에 있는
음료를 다 마시는 순간이 되고 b에서 'sit down'의 종점은 의자에 몸을 붙
이는 순간이다. 다음은 위의 예처럼 비교적 종점을 분명하게 알 수 있는 구
동사의 예들이다(COCA):

 Just eat up and forget about it.
 He walked out into the hall.
 I pulled off the top and a genie popped out!
 And she walked away, not looking back.
 … we took over failing restaurants.
 She picked up her pen.

Ⓑ 자의적 해석 :

구동사들 중에는 종점이 분명하지 않기 때문에 자의적으로 해석할 수 있
는 것들이 있다. 다음 예를 본다:

 a. She warmed up the soup for me.
 b. He slowed down.

위의 구동사들의 첨사는 분명하고 객관적인 의미를 나타내기 보다는 임의적인 해석이 가능한 종점을 지시하고 있다. a의 'warm up'에서 첨사 'up'은 어느 정도까지 온도를 높이는지 객관적인 해석이 불분명하고 b의 'slow down'에서 'down'은 어디까지 속도를 늦추는지 분명하게 알기 힘들다. 그럼에도 불구하고 화자와 청자는 위와 같은 구동사들을 사용해서 일정한 문맥 속에서 존재하는 종점을 공유할 수 있다. 그것이 비록 사용할 때 마다 다소 차이가 날지라도 위와 같은 예들을 사용하여 적절한 의사소통이 가능하다면 첨사는 일정한 종점을 나타낸다고 할 수 있다. 다음은 위와 유사한 예들이다(COCA):

> She grew up with no church tradition at all.
> The booze was wearing off.
> How about we go cool off in the creek?
> Think through new career plans.
> Time slowed down and sped up for no apparent reason.
> Read over delivery and shipping information beforehand.

2) 활동동사와 첨사가 결합하여 유종상의 구동사가 되었다면 무종상의 활동에서 첨사가 더해져 유종상의 성취를 나타낸다고 볼 수 있다. 활동동사와 구동사의 상적 의미 차이를 정확하게 이해하고 구별하기 위해 단순히 직관이 아닌 테스트가 필요할 때가 있다. 지금부터 Dowty(1979: 56-8)가 제시한 동반 가능한 표현을 이용하여 성취와 활동을 구별하는 테스트에 대해 살펴보기로 한다:

Ⓐ 'in~'과 'for~':

Dowty는 전치사 'in'과 'for'가 유도하는 시간부사류로 성취와 활동을 구분

하였다. 다음 예를 본다:

    a. John painted a picture in an hour.
    b. ?John painted a picture for an hour.
    c. John walked for an hour.
    d. (*)John walked in an hour.

위의 a에서 성취동사 "painted a picture in an hour"는 부사류 'in~'를 동반할 수 있고, c에서 활동동사 "walked"는 역시 부사류 'for~'와 같이 사용할 수 있다는 것을 알 수 있다. 그러나 b에서 성취동사가 'for~' 동반하면 a와 동일한 의미를 나타낼 수가 없다. b에서 주어가 한 시간 동안 그림을 그렸지만 완성을 했는지 알 수가 없다. d에서 활동동사는 계속만 있을 뿐 종점이 없기 때문에 'in~'과 같이 사용하기 힘들다는 것을 알 수 있다. d가 의미있는 문장이 되기 위해서는 '일정한 거리를 한 시간 내로 걸었다'와 같은 특별한 해석이 필요하다.

Ⓑ 'spend~'와 'it takes~':

Dowty는 또한 동사 'spend'와 'take'를 사용해서 성취와 활동을 구분했다. 다음 예를 본다:

    a. John spent an hour painting a picture.
    b. It took John an hour to paint a picture.
    c. John spent an hour walking.
    d. (*)It took John an hour to walk.

위의 a와 c에서 성취동사 "painting a picture"와 활동동사 "walking"은 모

두 "spent an hour"와 같이 사용할 수 있으나, 성취동사 b와 d에서 성취동사 "to paint a picture" 만이 "It took an hour~"와 동반될 수 있다는 것을 알 수 있다. 이러한 성취동사와 활동동사를 구분하는 방법을 이용하면 구동사와 활동동사의 의미 차이를 구별할 수 있다(Brinton 1988:171). 다음 예를 본다:

    a. I wrote up my proposal in ten minutes.
    b. ?I wrote up my proposal for ten minutes.
    c. I wrote for ten minutes.
    d. *I wrote in ten minutes.
    e. It took me ten minutes to write up the proposal.
    f. *It took me ten minutes to write.

위의 a에서 구동사 'write up'은 성취동사로 'in'이 유도하는 시간부사류와 동반할 수 있지만 b처럼 'for~'와 같이 사용하면 a와 동일한 의미를 나타내기 힘들다. 원래의 유종상인 구동사가 b에서 종점에 도달했는지 확실하지 않다. c와 d에서 활동동사 'write'는 시간부사류 'for~'를 동반할 수 있지만 'in~'과 함께 사용될 수 없다. 또한 e에서 구동사 'write up'은 성취동사로 'it took ten minutes ~'와 같이 사용될 수 있지만 활동동사 'write'는 가능하지 않다.

ⓒ 'stop~'과 'finish~':

Dowty는 또한 다음과 같이 종동상동사인 'stop'과 'finish'를 이용하여 성취와 활동을 구분하였다:

    a. John stopped painting the picture.

b. John stopped walking.

c. John finished painting a picture.

d. *John finished walking.

위의 a와 b에서 각각 성취동사 "paining the picture"와 활동동사 "walking"이 "stopped"와 결합했을 때 상적인 의미가 달라진다. 전자는 종점에 도달하지 못하고 상황이 중단되었으나 후자에서는 단지 상황이 중단되었다. c와 d에서 각각 "painting a picture"와 "walking"이 "finished"와 결합하였을 때, 전자는 종점에 도달했고 후자는 'finish' 다음에 성취가 오는 속성상 적절한 표현이 되지 못한다. 이러한 성취와 활동의 차이를 활동동사와 구동사에 적용하면 양지의 의미를 명확하게 구분할 수 있다 (Brinton 1988:171). 다음 예를 본다:

a. He finished writing down.

b. *He finished writing.

c. He stopped writing down.

d. He stopped writing.

위의 a에서 "finished" 다음에 성취동사가 올 때와 마찬가지로 구동사 "writing down"이 오면 종점에 도달했음을 나타낸다. b에서 'finish' 다음에 성취동사가 따라야 하기 때문에 활동동사 "writing"이 와서 적절한 의미를 나타내지 못한다. c에서 "stopped" 다음에 "writing down"이 와서 종점에 이르지 못한 채 중단된 것을, d에서는 단지 상황이 중단되었음을 나타낸다.

Ⓛ 'for~' 해석의 차이:

Dowty는 'for~'의 시간부사류를 동반하는 활동동사와 성취동사는 같은 조건에서 각각 서로 다른 함의를 가진다고 기술한다. 다음 예를 본다:

a. John walked for an hour.
b. John painted a picture for a hour.

위의 a에서 John은 한 시간의 어느 순간이나 동일한 상황을 유지하고 있으나, b에서 John은 한 시간의 매 순간마다 변화하는 상황을 나타낸다고 본다. 동일한 현상이 구동사에도 적용된다(Brinton 1988:172). 다음 예를 본다:

a. He wrote for an hour.
b. He wrote down what he heard for an hour.

위의 a에서 활동동사 'write'는 무엇을 쓰는가 보다 행위 자체에 초점이 놓여 있기 때문에 지속되는 모든 순간에 동일한 상황의 연속이다. 반면에 b에서 구동사 'write down'은 쓰는 행위와 쓰는 대상을 동시에 지시하기 때문에 매순간마다 변화하는 상황으로 이어진다고 할 수 있다.

3) 성취동사와 활동동사가 완료상이 되었을 때 각각의 의미를 구동사에도 동일하게 적용할 수 있다(Brinton 1988:172-3). 다음 예를 본다:

a. Tom has repaired the chair.
b. Tom has studied French for long.
c. He has fixed up the old car.

위의 a와 b에서 각각 완료상과 성취동사 "repaired the chair", 그리고 완료상과 활동동사 "studied French"가 결합하여 전자는 상황이 종결된 후의 결과적 의미를, 후자는 계속되는 상황을 나타낸다. c에서 구동사 "fixed up"이 완료상이 되어 성취동사처럼 이미 종결된 상황의 결과적 의미를 나타낸다. 다음은 구동사가 완료상이 되어 위의 c와 유사한 상적 의미를 나타내는 예들이다(COCA):

I'd used up my last gram of remorse and need.
The oil lamp had burned out.
All that effort has paid off.
His popularity has gone down.
They have moved away from the president.

10.4 예외적 구동사

지금까지 일반적으로 활동동사에 첨사가 결합된 유종상의 구동사가 나타내는 성취의 의미를 살펴 보았다. 그러나 구동사 중에는 정태동사, 도달동사, 성취동사와 첨사가 결합하는 예도 어렵지 않게 발견할 수 있다. 지금부터 활동동사와 비교해 상대적으로 소수인, 다른 종류의 동사들과 첨사가 결합하는 구동사들의 의미와 용법을 살펴보기로 한다.

1) 정태동사

정태동사의 상황은 외부적인 요인이 없는 한 자체적으로 변화가 없이 동일한 상황이 계속되기 때문에 일반적으로 내재적인 종점이 있는 경우가 없다고 볼 수 있다. 따라서 정태동사와 첨사가 결합한 유종상의 구동사를

생각하기 힘들다. 다음 예를 본다:

> a. What's up? Not much.
> b. Mind that sharp knife, it could have your fingers off!
> c. Hear me out, please, I've still a lot to say.

위의 a, b, c에서 각각 원래 정태동사 'be', 'have', 'hear'는 첨사와 결합하여 구동사를 형성하고 있으나 이들은 동태동사의 의미로 변질되어 활동동사가 되었기 때문에 이들이 첨사와 결합하여 유종상의 구동사가 된 것이 이상할 것이 없다. 다음은 비슷한 예들이다(COCA):

> I definitely wore down in 2005.
> The TV is off. The PCs are off.
> ⋯ she's ready to go. She wants out.
> Piteous weeping wears away her cheeks ⋯.
> They're probably trying to feel out how it will work.

2) 도달동사

도달동사는 순간동사이기 때문에 시작과 동시에 끝이 나고 종점이 따로 있을 수가 없다. 따라서 도달동사와 첨사가 결합하여 유종상의 구동사가 되는 것은 생각할 수가 없을 것 같다. 그러나 언어는 자주 논리에 역행하는 현상이 일어나는데 도달동사와 첨사가 결합하여 구동사를 만드는 경우도 이러한 예의 하나이다. 다음 예를 본다:

> a. I had to run to catch her up.
> b. The plane touched down safely.

c. The species died out long ago.

위에서 구동사는 도달동사와 첨사가 결합한 형태로 역시 도달을 나타낸다. 그러나 도달동사와 그의 구동사는 조금 다른 의미를 나타내고 있다. a의 'catch up'에서 'catch'는 단순히 ~을 잡는다는 뜻이지만 'catch up'은 ~을 따라 잡는다는 의미다. b와 c의 구동사와 도달동사도 서로 조금씩 다른 의미를 나타낸다. 이처럼 도달동사와 그의 구동사가 모두 도달을 나타내면서 양자가 서로 조금 다른 의미를 나타내는 경우를 어렵지 않게 발견할 수 있다(COCA):

I ended up lying in the snow crying.
He showed up at the labor rally.
The murmur died down.
Two men with rifles jumped down from the cab.
Toward the end of June, the Korean War broke out.
The woman stole away into the trees.
Lena's smile burst through but was quickly withdrawn.

구동사 중에는 도달동사와 그의 구동사가 모두 도달을 나타내지만 양자의 차이가 분명하지 않은 경우가 있다. 다음 예를 본다.

a. I found out her secret.
b. Open up! This is police.
c. You're sure to win out (through) in spite of early difficulties.

위의 예도 역시 도달동사와 그의 구동사가 모두 도달을 나타낸다. 그러나 양자의 의미 차이가 큰 것 같지 않다. 예를 들면 a에서 구동사 'find out'과 도달동사 'find'는 모두 도달동사로 서로 간의 의미 차이가 크다고 볼 수 없다. b에서 'open up'과 'open', c에서 'win out'과 'win' 역시 의미 차이가 분명하지 않다. Brinton(1988:174)은 위와 같은 예에서 도달동사에 첨사를 더하면 원래의 도달동사 혹은 순간동사의 의미를 강화하는 효과가 있다고 기술한다. 유사한 예들이다(COCA):

> Large silver earrings flashed out through her auburn hair.
> You can finish up in a minute.
> That's why they usually met up at the mall.
> I wake up at night and I hear her.
> Her hat fell off, exposing her golden hair to the rain.
> He chopped up ice out there on the dock ….
> The man in black knelt down in front of the chair.

3) 성취동사

이미 자체의 종점을 가지고 있는 성취동사는 구동사가 되기 위해 첨사가 더해질 필요가 없을 것이라고 생각할 수 있다. 그러나 실제로 성취동사와 첨사가 결합되는 구동사의 예를 어렵지 않게 발견할 수 있다. 다음 예를 본다:

> a. Please warm (up) this milk.
> b. Empty your pockets (out).
> c. Calm yourself (down).

위에서 동사 'warm', 'empty', 'calm'은 이미 종점을 가지고 있는 성취동사로 보아야 한다. a, b, c의 구동사에서 각각의 첨사 'up', 'out', 'down'을 생략하고 성취동사만을 사용해도 구동사와 유사한 의미를 유지할 수 있다. 그러나 구동사를 사용하면 성취동사의 의미를 보다 분명히 강조하는 효과를 가진다. 이와 비슷한 구동사의 예를 보기로 한다(COCA):

They tighten up their defense.
Let's just loosen up our integrity a little bit.
If we widen out, there is the evacuation zone.
··· I bring out the potato salad, the baked beans.
The snow had all but melted away.
Silently I cleaned up the mess.

10.5 계속상의 첨사

지금까지 'up', 'off', 'down', 'out', 'through', 'away' 등의 첨사가 여러 어상의 동사와 결합하여 유종상의 구동사로 변하는 예들을 보았다. 이들은 계속, 도달, 성취동사가 첨사와 결합하여 어휘상이 변하거나 그 의미가 강조되는 구동사들이었다. 그러나 첨사들 중에는 구동사의 어상이 아니라 상을 변하게 하는 것으로 생각되는 것들도 있다. 다음 예를 본다:

a. They talked on and on.
b. The children ate away as usual.
c. They worked along together.

위의 예들은 모두 상황의 계속을 나타내고 있는데, 계속상동사를 사용해

서 순서대로 다음과 같이 바꿀 수 있다:

a. They kept (on) talking.
b. The children continued to eat as usual.
c. They continued working together.

위에서 계속상동사 'keep V-ing', 'continue to', 'continue V-ing'가 각각 첨사 'on', 'away', 'along'을 대신함으로써 이들 첨사가 계속상의 기능을 가질 수 있다는 것을 알 수 있다. 위의 예는 계속동사가 위의 첨사와 결합하여 상황의 계속을 나타내지만 순간동사일 경우에는 상황의 반복을 나타낸다. 다음 예를 본다:

a. The soldiers fired away until the enemy yielded.
b. The lights flashed on.
c. We bumped along for almost an hour.

위의 a, b, c에서 순간동사에 각각 계속상의 첨사인 'away', 'on', 'along'이 더해진 구동사는 반복적 상황을 나타낸다. 다음은 계속상의 첨사가 있는 구동사의 예들이다(COCA):

A cold drizzle was falling, pushed along by an ominous north wind.
People nodded along as he spoke.
He virtually drank away the next five years.
She was dreaming away in the backseat of the Chevy ….
We walked on, talking of history and politics ….

The sailors sing on, beneath burning Adriatic stars.

Jaycee drives on in the quiet.

참고문헌

Bolinger, D. (1971) *The Phrasal Verb in English.* Cambridge, MA: Harvard University Press.

Brinton, L. J. (1988) *The Development of English Aspectual System.* Cambridge: Cambridge University Press.

Comrie, B. (1976) *Aspect.* Cambridge: Cambridge University Press.

Curme, G. O (1931) *Syntax.* Boston: D.C. Heath.

Dowty, R. D. (1979) *Word Meaning and Montague Grammar.* London: D. Reidel Publishing Company.

Declerck, R. (1991) *A Comprehensive Descriptive Grammar of English.* Tokyo: Kaitakusha.

Deutschbein and Klitscher (1962) Grammatik der Englischen Sprache. Heidelberg.

Fraser, B. (1976) *The Verb-Particle Combination in English.* New York: Academic Press.

Freed, A. F. (1979) *The Semantics of English Aspectual Complementation.* London: D. Reidel Publishing Company.

Jespersen, O. (1931) *A Modern English Grammar on Historical Principles,* part IV. London: George Allen and Unwin.

Kruisinga, E. (1931) *A Handbook of Present-day English,* vol.1 part II. Groningen: P. Noordhoff.

Leech, G. (2004) *Meaning and the English Verb.* London: Longman.

Live, A. (1965) The Discontinuous Verb in English. *Word* 21:428-51.

Marianne, C. and Dianne, L. (1999) *The Grammar Book.* Boston: Heinle & Heinle.

Palmer, F. R. (1987) *The English Verb.* London and New York:

Longman.

Poutsma, H. (1926) *A Grammar of Late Modern English*, Part II, section II. Groningen: P. Noordhoff.

Quirk, R et al. (1985) *A Comprehensive Grammar of the English Language*. London and New York: Longman.

Scheffer, J. (1975) *The Progressive in English*. Amsterdam: North-Holland Publishing Company.

Suh, K. H. (1992) *"A Discourse Analysis of English Tense-Aspect-Modality System."* Unpublished Ph.D. Dissertation in Applied Linguistics, University of California, Los Angeles.

Vendler, Z. (1967) *Linguistics in Philosophy*. New York: Cornell University Press.

Verkyul, H. J. (1972) *On the Compositional Nature of the Aspects*. Dordrecht-Holland: D. Reidel.

Zandvoort, R. W. (1962) "Is Aspect an Verbal Category?" *Contributions to English Syntax and Philology, Gothenburg Studies in English* 14. Goteborg: Acta Universitatis Gothoburgensis.